胡同儿里的溜达

宣南

马晓冬/著

中国书籍出版社
China Book Press

图书在版编目（CIP）数据

胡同里的溜达. 宣南 / 马晓冬著. —北京：中
国书籍出版社，2022.10
ISBN 978-7-5068-9060-1

Ⅰ．①胡… Ⅱ．①马… Ⅲ．①胡同—介绍—宣武区
Ⅳ．①K921

中国版本图书馆CIP数据核字（2022）第175404号

胡同里的溜达. 宣南

马晓冬　著

责任编辑	王星舒
责任印制	孙马飞　马　芝
封面设计	中尚图
出版发行	中国书籍出版社
地　　址	北京市丰台区三路居路 97 号（邮编：100073）
电　　话	（010）52257143（总编室）（010）52257140（发行部）
电子邮箱	eo@chinabp.com.cn
经　　销	全国新华书店
印　　刷	炫彩（天津）印刷有限责任公司
开　　本	710 毫米 × 1000 毫米　1/16
字　　数	292 千字
印　　张	26
版　　次	2022 年 11 月第 1 版
印　　次	2022 年 11 月第 1 次印刷
书　　号	ISBN 978-7-5068-9060-1
定　　价	89.00 元

目 录

目录

目录

5

胡同儿里的溜达

上本书聊的是长安街以北老城区内的胡同，这回和您聊聊北京城的肇始之地和老北京文化的发源地——宣南。

蓟城大致位置示意图

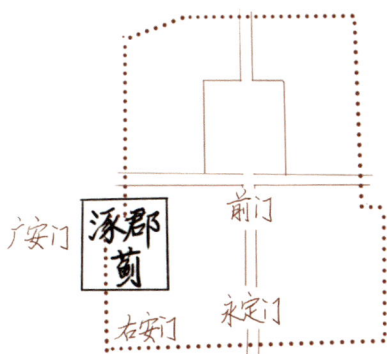

北京有句老话："先有潭柘寺，后有北京城。"说的是潭柘寺年头悠久。潭柘寺建于西晋永嘉元年（307年），是北京迄今为止最古老的寺庙。但这话细品有毛病，因为北京这片地界儿在潭柘寺建成的千余年前就有了一座名叫蓟城的城市。

北京西临太行，北靠燕山，自古形成了西北高东南低的地貌。有

序

篇

001

考古资料显示，现如今的北京在商周时期，有相当一部分覆盖在海水之下。那当儿，广安门一带的地势较高，在其西边不远处有来自海河水系的西湖（莲花池）水脉。3000 年前，蓟城就诞生在北京城西南这片适合人类生存的定居之地。

广安门桥北、护城河西岸的滨河公园内有一座 1995 年 10 月立下的蓟城纪念柱，纪念北京建城 3040 年（前 1046—1995 年）。

蓟国的国都——蓟城经考古和文献证实，就在如今北京的广安门白云观一带。到了唐代，蓟城改叫幽州城。938 年，契丹人把幽州城定为辽国的陪都，称作辽南京。1153 年，金人把国都从黑龙江阿城搬到北京，改辽南京为金中都。1267 年，蒙古人在金中都的北边兴建了元大都。再后来的 1553 年，明朝的嘉靖皇帝在元大都城的

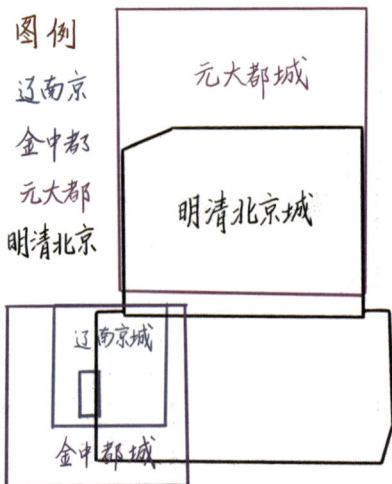

图例
辽南京
金中都
元大都
明清北京

元大都城

明清北京城

辽南京城

金中都城

南边加修了外城，北京城才大致有了如今的模样。

那当儿，外城（南城）分作若干坊，其中包括广安门在内的这片区域被称作白纸坊和宣南坊，从此也有了"宣南"这一称呼。现如今人们说的"宣南"是泛指宣武门以南的宣武区，但无论怎样划分，宣南都是北京城的起源，肇始之地。

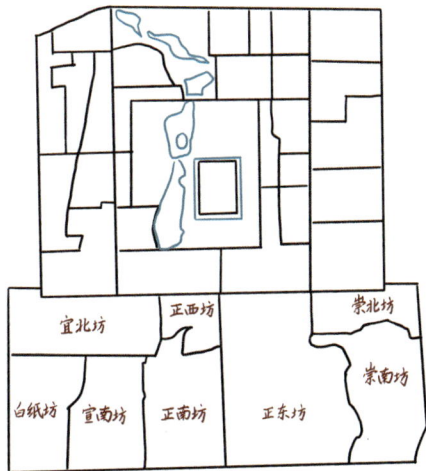

而宣南成为老北京的文化之源来自 300 多年前的一次集体腾退。1644 年，清王朝由盛京（沈阳）迁都京城，内城汉人被集中腾退到外城。也正是由此开始，历经一代又一代人的参与和传承，在南城这片悠久厚重、人杰地灵的地界儿，形成了老北京独有的宣南文化。诸如：

以绍兴会馆、浏阳会馆、湖广会馆为代表的会馆文化；

以"八大祥"①"鹤年堂""内联升""便宜坊""六必居"及门框胡同为代表的前门大栅栏老字号商业、餐饮文化；

以南线阁、白纸坊为代表的辽、金遗址文化；

以"四大徽班"、富连成的故址，众多京剧前辈、名伶的故居以及老戏楼为代表的国粹戏剧文化；

---

① 位于前门和大栅栏一带，有八家带"祥"字的绸布店：祥义号、瑞蚨祥、瑞生祥、瑞增祥、瑞林祥、益和祥、广盛祥、谦祥益，称为"八大祥"。

以天桥艺人的绝活和厂甸庙会为代表的市井民俗文化；

以聚集了上百家报馆、编辑部、发行社的铁鸟胡同、魏染胡同、南柳巷为代表的京城报业文化；

以鲁迅、梅兰芳、林海音故居为代表的名人故居文化；

以修编"四库全书"而兴盛的琉璃厂文化街为代表的士人文化；

以法源寺的丁香诗会，陶然亭的海棠诗社为代表的宣南诗人文化；

以三庙街、枣林前街、下斜街为代表的寺庙文化；

以牛街、东安福胡同（回回营）、牛录胡同为代表的"回""满"文化；

还有"八大胡同"的青楼、菜市口的法场、"网红"的杨梅竹斜街、老舍茶馆……

宣南是北京的历史和文化之源，如果您也对这片地界儿的故事感兴趣，咱们就一起走进宣南的胡同里溜达溜达。

先从西长安街开始吧！

序篇

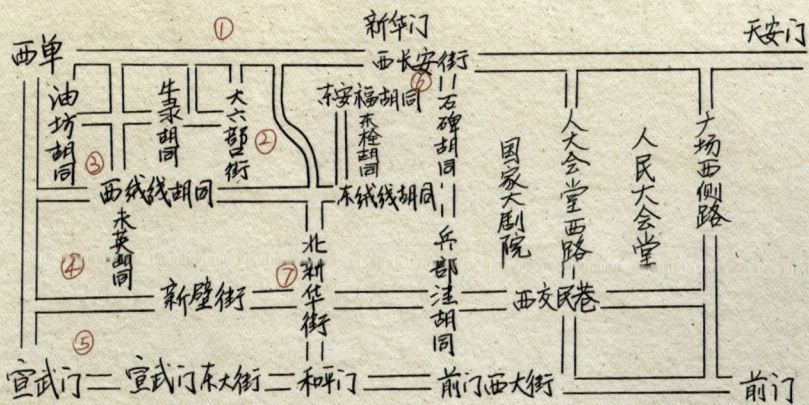

① 新华门　天安门

西单

西长安街

油坊胡同　牛录胡同　大六部街　东按福胡同　东楹胡同　石碑胡同　国家大剧院　人大会堂西路　人民大会堂　广场西侧路

②

③

西铁线胡同

西松线胡同　兵部洼胡同

北新华街

未英胡同　④　⑦

新壁街　西交民巷

⑤

宣武门　宣武门东大街　和平门　前门西大街　前门

① 电报大楼　　⑤ 南堂
② 北京音乐厅　　⑥ 回回营
③ 霭公府　　　　⑦ 吕祖阁
④ 北京第二医院

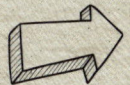

舌尖上的西长安街

现如今，簋街成了全国闻名的餐饮一条街，不来簋街走一遭似乎就不算来过北京。但走上一圈你会发现，除了街东口的**东兴楼**和一两家庭院式的餐馆还有些老北京元素之外，这条街上各领风骚的基本都是大小川菜馆和各路烧烤涮。

如今的北京人可能很少有人还知道，早年间的**西长安街**也被乡亲们称作"**食馆一条街**"。不一样的是，当年的西长安街上不仅散布着各路原汁原味的传统老字号，并且汇集了戏院、电影院等时尚娱乐元素，集高端大气与低调奢华于一身，横竖甩出簋街好几里地。

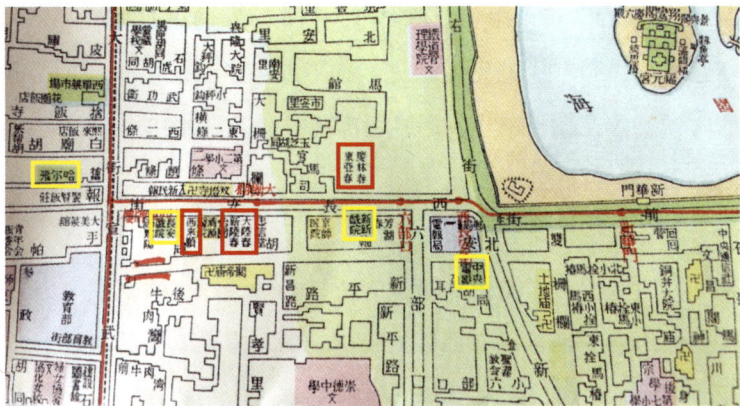

　　辛亥革命后，袁世凯的总统府就设在中南海，政府机构也大多集中在西长安街附近。当差的官员中，不老少人都来自江浙、广东一带，心领神会的商家们麻利儿地在这周围开起了江苏、淮扬、广东菜系的馆子。当年的西长安街上，从西单到六部口这几百米的光景里，就比肩接踵着以"淮扬春"为首的十几家带"春"字招牌的饭馆，号称"十二春"。其中，"同春园""大陆春""新陆春""庆林春"等字号后来成为京城著名的**"八大春"**。鲁迅的工作单位教育部（如今清学部旧址，教育街1号）就在西长安街的南边，他常去的一家就是大陆春。在他1925年5月10日的日记中写道："十日，晴。午后得语堂信招饮于大陆春，晚赴之。"

　　曾经的"八大春"中仅存的一号，是当年在电报大楼西侧的**同春园**，淮扬菜里的松鼠鳜鱼就是打这儿开始的。据说这菜名出自苏大学士的："**桃花流水鳜鱼肥……斜风细雨不须归。**"如今，同春园搬到了新街口外大街甲14号。

宣南

"新陆春"后来搬到了地安门大街十字路的口西北角，改叫**新路春**。1980 年，新路春率先把**狗不理包子**引入京城。九几年的时候家住在鼓楼东边，还常去那喝炒肝儿。2010 年新路春关闭，如今改叫峨嵋酒家。

北京的清真菜分为东西两派：**东派**以涮、烤见长，视"东来顺"为掌门；**西派**擅长精致的清真小炒，以"**西来顺**"为首代。1930 年，西来顺在西长安街路南的一家澡堂子的旧址上开业，主厨是在御膳房和北洋总统府都掌过勺的褚连祥。京剧大师马连良是西来顺的常客，褚师傅还专门为其独创了一道"**马连良鸭子**"（类似香酥鸭），成为镇店名菜之一。

北京的清真菜系讲究"一楼，二烤，三轩，四顺"。**楼**说的是鸿宾楼，**烤**说的是烤肉季，烤肉宛，**轩**说的是两益轩、同

和轩、同益轩，顺说的是东来顺，西来顺，南来顺，又一顺。创建于咸丰三年（1853年）的**鸿宾楼**总店设在天津，据说慈禧六十大寿时，就是以鸿宾楼的108道全羊宴为老佛爷摆的桌。

20世纪60年代，鸿宾楼就落户西长安街82号，被业界称为"京城清真第一楼"。如今，店面已迁到展览馆路11号，前年春节的时候还去过，点了他家的看家菜——**红烧牛尾**。味道浓、肉瓷实、吃着过瘾。

老北京的炙子烤肉得说**"南宛北季"**：宛家以烤牛肉出名，季家以烤羊肉著称。**"烤肉季"**在什刹海银锭桥岸边，**"烤肉宛"**就在西长安街南侧西绒线胡同的西口。炙子烤肉是满人从关外带进来的吃食。吃烤肉有**"文 武 之 分"**：**"文"**吃斯文，后厨把肉烤好端上来——您慢慢儿用着；**"武"**吃生猛，小号磨盘大小的炙子滚烫，哥儿几个脚踩着条凳站立四周（不是不能坐，是靠近了真热），手把二尺来长的筷子，自烤自取。夏天吃这口

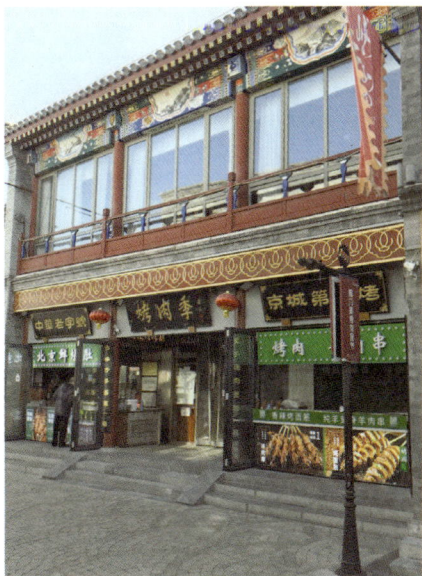

宣南

儿，"板儿脊"（光膀子）和手巾板儿是标配。交道口北二条里有几家炙子烤肉，到了夏天，桌子支在胡同里，锅盖大小的炙子，都坐着吃，光膀子的居多。

西长安街上的美食还不止"十二春"，西来顺，烤肉宛，鸿宾楼……

西单牌楼**东北角**是创立于光绪年间的**曲园酒楼**，1949年落户北京。这是**北京城最早的湖南菜馆**，也是湖南老乡们时常光顾，聚会的场所。这其中就包括出生于湘潭的**齐白石**，曲园酒楼的牌匾就是齐老先生所题。1955年，**开国十大元帅**授衔仪式后，也是在曲园酒楼摆的桌。据说同是湘潭人的毛主席也夸赞这里的菜品有家乡的味道，乡亲们把这里称作**"京城湘菜第一家"**。如今曲园酒楼搬到了展览路48号。

当年曲园酒楼的北边是**玉华台饭庄**，1949年的**"开国第一宴"**主打的是淮扬菜，掌勺就是玉华台的9位大师傅。几位大厨后来有的上调为国务院服务，有的去了北京饭店，还有一位成了梅兰芳先生的私人家厨。

1948 年，西单牌楼**东南角**一位名叫张万芝的山东人开了一家包子铺——"**万兴居**"。那年月打烊早，界壁儿就是**长安大戏院**，万兴居近水楼台地做着拉晚儿的生意，也是当年西长安街的夜景儿之一。1976 年，万兴居改名为现如今耳熟能详的"**庆丰包子铺**"，取的是"吉庆""丰年"之意。因地处西单，当年也被北京人称作"**西单（不是西四）包子铺**"。我的姑表姐早年在西单包子铺上班，记得小时候每逢表姐来家里看望奶奶，就可以吃到市面上不易见到的"**富强粉**"馒头。如今在鼓楼东大街的西口，有家**万兴居褡裢火烧**，味道也不错。

西单牌楼的**西南角**是和东来顺一脉的"**又一顺**"，也是1948 年开的张。老板姓丁，就是东来顺的掌柜。东来顺的买卖越来越红火，丁掌柜便在热闹的西单牌楼开了这家分号，取名又一顺。马连良也是这里的常客，据说马先生每次必点的两样菜一个是"**摊黄菜**"（炒鸡蛋），另一个是**醋溜羊肉**而且通常是把两样菜混在一起吃。大师傅由此激发了灵感，把两个菜合二为一，又一顺从此有了"**醋溜木须**"这道看家菜。醋溜木须后来也成为北京所有清真馆子里菜谱上的标配。

北京的酱菜有**老酱园**、京酱园和南酱园之分。老酱园是河北保定的手艺，以黄酱做酱料，口重，如**六必居**；**京酱园**是北京的手法，用的是甜面酱，味香甜，如**天源酱园**；**南酱园**味道更甜，如**桂馨斋**。深受北京人喜爱的天源酱园当年就

在西长安街 120 号，据说慈禧对天源的"**桂花糖熟芥**"（桂花 + 糖 + 芥菜疙瘩）十分中意。如今，天源酱园是北京六必居食品有限公司的下属单位。

乾隆三年（1738 年），因家乡闹灾来北京讨生活的山东人刘凤翔在西单牌楼的**东北角**开了家酱肉铺，专做酱肘子。买卖不景气，也没个字号。话说一日刘掌柜在一处旧货摊上看到了一块写着"**天福号**"三个字的旧牌匾，念着吉祥，看着入眼。酱肉铺从此有大名"天福号"。或许是这块旧牌匾带来的运气，酱肘子的生意日渐红火，连老佛爷慈禧也喜好上了这口儿。内务府特地给其颁发了腰牌。刘掌柜的酱肘子成了紫禁城订单最多的外卖，天福号也由此成为雅俗共赏的"网红"。据说末代皇帝溥仪被特赦回京后不几天，就骑着自行车奔天福号买酱肘子去了。

北京第一家俄式西餐厅"**大地餐厅**"1945 年在西长安街路南开业，比"老莫儿"（莫斯科餐厅）还早了 9 年，据说"大地"指的是"彼得大帝"。要紧的是口味儿正，还物美价廉，天天爆满，当年被乡亲们称为"**消费得起的西餐厅**"。大地餐厅的新址在西四南大街"砂锅居"的北边。

除了这些个老字号吃食，西长安街上更不缺时尚元素。

西单剧场早年在西单牌楼西北的刑部街甲 12 号，其前身是张作霖在北京的公馆"**奉天会馆**"。1930 年，张作霖回奉天（沈阳）途中被日本人炸死的两年之后，吉祥戏院的掌柜将奉天会馆改建成"**哈尔飞大戏院**"，"哈尔飞"这名字是个英文译音，一说是来自"Happy"，快乐的意思。一说是来自"Heart Fell"，扣人心弦的意思。从何而来如今已无法考证，能整明白的是"哈尔飞"是长安街上最早的戏院。开业当晚的大戏是**梅兰芳**先生的《贵妃醉酒》，哈尔飞戏院也从此让北京的乡亲们在唱念做打中感受着快乐。1940 年，戏院改为**大光明电影院**，1954 更名为"西单剧场"。那当儿的西单剧场白天放电影，晚上演戏，是京城票房最好的戏院之一。1994 年，西单剧场被拆除。

西单牌楼东侧路南是**长安大戏院**，是 1937 年由北京著名的**日升大杠房**（操办殡葬事宜的买卖）的仓库改建而成，开张的首场演出是**奚啸伯**主演的《失街亭》。那当儿，北京还没有专门演出话剧的剧场，长安大戏院先后承办了《日出》《茶花女》《复活》《秋海棠》等话剧的演出。白杨、张瑞芳、舒绣文、谢添等大腕，都曾在这里登台献艺。毛主席、周总理也曾来这里看过

宣南

戏，当年的长安大戏院，排场不输给如今的国家大剧院。1989
年长安大戏院拆除，1996 年 9 月在东长安街北侧的光华长安大
厦内重新开业。

长安大戏院的东边，电报大楼的对面，是马连良为股东的**新新大戏院**。建筑的外形仿照天津的中国大戏院而建，内部配置了暗光灯，隔音材料等先进设备。气派的外表和高配的内饰，让这家北京城最新式的戏院从里到外都对应着"新新"二字。除了马连良自己的团队在这里演出，他还遍约杨小楼、尚小云、程砚秋、荀慧生、孟小冬，裘盛戎等各路名角，在四九城的戏院中声名鹊起。1949 年戏院被军管会接管。1950 年周恩来总理给新新大戏院起了一个新名字——**首都电影院**，这也是新中国北京城内的第一家国营电影院。2003 年随着长安街的改造电影院被拆除，2008 年首都电影院在西单大悦城重张。

新新大戏院东侧六部口内，是 1927 年建成的**中央电影院**。1960 年中央电影院改建为音乐厅，1986 年重新装修后改叫**北京音乐厅**。

　　时光倒流大几十年，夜幕降临的西长安街：鲁迅，林语堂一众朋友在"**大陆春**"里谈笑风生；**西来顺**里马先生与友人小聚，桌子中央摆着的是用他的名字冠名的"马连良鸭子"；**曲园酒楼**的雅间里，齐白石在挥笔题字。**玉华台**的大厅里已经客满，客人们也许并不知道，他们品尝的是国宴厨师的手艺；**又一顺**的生意象往常一样热闹，和往常一样的是每张桌上依旧都点了那道醋溜木须；**天福号、天源酱菜**的门口依旧排着长队；**大地餐厅**里，一起庆生的街坊邻居，多日不见的老同学们边吃着亲民价格的俄式大餐，边拉着家常，叙着旧……与这同一个时辰，**哈尔飞大戏院**里梅先生的《贵妃醉酒》已经拉开了大幕；**长安大戏院**正在上演的是曹禺先生的《日出》；**新新大戏院**里马先生请到的是四大名旦中的程砚秋，出演的剧目是程先生的拿手好戏《锁麟囊》；而**中央电影院**里由王人美，韩兰根主演，中国第

一部在国际电影节上获奖的电影《渔光曲》，正放映到那首当年红透了大江南北的主题歌《渔光曲》的片段：

云儿飘在海空，
鱼儿藏在水中。
早晨太阳里晒渔网，
迎面吹过来大海风。
潮水升，浪花涌，
渔船儿飘飘各西东。
…………
爷爷留下的破渔网，
小心再靠它过一冬。

深秋，夜色如水，曲终人散。喧嚣了一天的西长安街渐渐安静下来，只有长安大戏院界壁儿**万兴居**包子铺的笼屉上还冒着阵阵热气。

与满大街烧、烤、涮的簋街相比，从前的那条"**食馆一条街**"更让北京人回味。

东安福胡同

香妃和回回营

　　东安福胡同北邻西长安街，与新华门隔街相望。这里早年叫安富胡同，后改叫**回回营**，也叫回子营。元大都时的南城墙在如今长安街一线，有专家考证安福胡同就是当年元大都南城墙外护城河的位置。这条胡同还有一段和**香妃**有关的传说。

　　乾隆二十四年（1759年），平定了发生在天山南麓的叛乱，乾隆将配合清军打仗的维吾尔族首领们招至京城论功行赏，并恩准这一行人马在东安福胡同一带安了家，编入蒙八旗。

与此同时，乾隆帝还忙里偷闲地迎娶了其中一位首领图尔都的妹妹，就是乡亲们口中的"香妃"，宫中称其"容妃"。

为了缓解香妃的思乡之苦，乾隆在瀛台的南边，如今新华门的位置，特意为其修建了**宝月楼**，和对面的回回营隔街相望，并差人在回回营盖了清真寺。听胡同里一位开出租的老哥说，清真寺早年在胡同的东头，后来被拆了。图片中的这个回子营清真寺是后来新建的。1913 年，袁世凯下令拆除了宝月楼，修建了如今的新华门。

东安福胡同西侧的**西安福胡同** 59—63 号就是早年的安福寺

（已无存）。民国时期，寺院变身成为著名的**安福俱乐部**，是段祺瑞皖系高官的私人会所。从1917年到1920年，就是这个胡同深处的会所在左右着风雨飘摇的北洋政府局势。

后有好事者考证，宝月楼建于乾隆二十三年（1758年），回回营建于乾隆二十四年（1759年），而香妃入宫是乾隆二十五（1760年）。换言之，宝月楼之前就存在，并非特意为香妃而建。不管怎样，宝月楼和安福胡同都是新疆是我国不可分割一部分的历史见证。

宣南

牛录胡同

胡同里的满语

　　牛录胡同在电报大楼的对面，回子营的西边。胡同的名字听起来让人觉得有点不太北京。

　　实际上"**牛录**"二字确实不是汉语，本是**满语**"箭"的意思，是八旗编制中的基层单位。若干人构成一个牛录，若干牛录构成一个"**甲喇**"，若干甲喇构成一个"**固山**"，"固山"译成汉语就是"旗"的意思。牛录的首领叫牛录额真，意思是大号的箭。据《京师坊巷志稿》载，当年回子营附近有两条夹道，分别叫头牛录、二

牛录。牛录胡同之名或许就是来源于此。

　　北京用满语命名的胡同还不止这一条，北锣鼓巷里有条纱络胡同，早年叫**沙拉胡同**。清《顺天府志》载："沙剌即沙拉，国语（指满语）谓珊瑚也。"有专家认为这里可能曾经有过贩卖珊瑚的市场。篦街附近还曾有一条**案板章胡同**（已拆除），清代称昂邦章京胡同。清《京师坊巷志稿》载："昂邦章京，国语子爵也，俗讹为按班张。"估计是当年有个子爵级别的权贵住在此处。菜市口和珠市口之间如今还存有一条**板章胡同**，胡同里的北京风雷京剧团的前身，是 1937 年在天桥"天乐园"成立的"民乐社"，至今已有 85 年了。满人在北京城生活了两百多年，满语在北京留下许多痕迹。

　　北京土话里就有不少"听着明白揣着糊涂"的语句，听音

儿字正腔圆、明明白白，但字面意思又让人有点点懵圈的感觉。比如北京人形容刨根究底、较真儿时好用的"**掰饬**"、数落人的"**呵斥**"、形容心不在焉的"**喇乎**"、衣物被子上的油渍"**额**
吝"，还有像"**怹**""**勺叨**""**撖搂**""**白活**""**压根儿**""**哈喇（味**
儿）""**猫腻**""**局气**""**淘换**""**待见**""**胳肢窝**""**没溜儿**""**麻**
利儿"等，以及东北磕儿里的"**磕碜**""**嘚瑟**""**埋汰**"等，据说都是源自满语。您留意没，北京话的声腔、音韵与周边的"**密**
怀顺儿"①等郊区话不同，却与黑龙江一带的语音有些相似，这或许也是受到满语影响的缘故。汉学大师章太炎曾说过："现在

---

① 指北京远郊区县的密云、怀柔、顺义三地。

的国语，严格来讲，有十分之几是满洲人的音韵，好多字音都不是汉人所有。"

据专家考证北京话源于唐代的**幽州话（也叫幽燕语）**。唐朝之后，北京先后成为辽、金的都城。幽燕语在契丹语、女真语、蒙古语以及明朝大量外来移民方言的影响下，形成了北京话的雏形。清初，满语被定为**国语**。那当儿的北京城，满大街说的都是让北京人听得云里雾里的女真话。自康熙朝起，开始启用汉臣，提倡满汉一家并开始推广汉语。到乾隆时期，满汉融合的**普通话**基本上成为官方语言。此后又历经几百年的融合，普通话最终演变成今天的**北京话**。

清朝年间的**普通话**，语调比现如今的**北京话**要生硬、直接，没有北京胡同里那种儿化、吞字的环节。曾听过末代皇帝溥仪和老舍先生的讲话录音，发音都类似老电影里的国语，据说他们说话的腔调就是标准的普通话。如今承德市**滦平县**有一个叫金沟屯的村子，离避暑山庄不远，早年间内务府的许多部门就设置在

宣南

这里，据说如今村里的乡亲们依旧操着和宣统皇帝一样的普通话。直到二十世纪五六十年代，国家有关工作人员还曾数次到金沟屯村采集普通话标准发音，该村也被视为国标普通话的"原生态区"。

其实，两百多年的岁月流淌，满汉融合的又何止语言呢！"牛录"听起来似乎不太北京，但它是北京话的一部分，也是北京的一部分。

石碑胡同

新老北京的界街

北京叫"石碑"的胡同不止一条,如什刹海边上的大、小石碑胡同,平安里的育德胡同(原来叫石碑胡同),还有西长安街南侧紧邻国家大剧院西边的石碑胡同,都是因当年胡同里的石碑得名。西长安街这一条,据《顺天府志》载,早年胡同南口立有一块书有"**锦衣卫**"的题名碑,令人望而生畏的锦衣卫就设在这条胡同。清朝年间,这里驻扎皇家禁卫机构——銮仪卫。

在 1998 年国家大剧院的筹建阶段，石碑胡同的东侧全部被拆除，如今成了国家大剧院周边的通道，周边邻居们有空儿都喜欢来这里健体强身，溜达一遭。胡同西侧的院子如今都成了临街房，打窗户望出去就是国家大剧院标志性的大穹隆，临街的墙上也耳濡目染地带上了文艺范儿。**吴祖光**先生在《胡同生涯》一文里提到，新中国成立初期曾住在石碑胡同。与石碑胡同南口相接的兵部洼胡同是明朝那当儿兵部的所在地。民国年间，**徐志摩**和**陆小曼**曾在兵部洼 39 号院租住过。

胡同东侧是全世界最大的穹隆顶建筑——国家歌剧院，还有国家博物馆等文化殿堂和全国人民都惦记着的天安门广场；

胡同西侧是见天儿①地在巷子里闪转腾挪、买油条、送孩子、遛鸟、晾被子、买菜做饭、家长里短儿的乡亲们。一边是现代时尚的壮观，一边是寻常市井的烟火，石碑胡同就这样在日复一日的国歌声中构成了北京城一道新与旧、时尚与市井混搭共存的独特风景。

听胡同里的老人说，往年每到国庆节的夜晚，邻居们直接搬个凳子坐在院子里或胡同的墙根下，边喝茶聊天边抬头观望五颜六色的漫天礼花，悠闲地享受着皇城脚下的近水楼台。

宣南

---

① 见天儿：北京方言，每天的意思。

西交民巷和东交民巷早年间合称**江米巷**。

元大都那当儿，打南边顺着京杭大运河运过来的大米到了通州张家湾码头后，换成驳船，再沿着通惠河直接撑到崇文门东边的码头。**前三门**^①外的护城河当年是漕运的重要河道，有专家考证当年的码头就在如今同仁医院东区的后身儿**船板胡同**一带。而掌管漕运的工商、

———————————

① 前三门：崇文门、前门、宣武门。

税务等衙门，就设在离码头不远的巷子里。日子久了，巷子里也有了许多贩米的营生。北方人把南方运来的糯米叫江米，一来二去，这巷子就被叫成了江米巷。

鸦片战争和八国联军入侵之后，东江米巷成了**中国最早的使馆区**，名字也改成东交民巷，西江米巷也换成西交民巷，这条巷子日后成为**中国最早的现代意义上的金融街**。

光绪三十一年（1905年），**中国第一家央行**，即中国银行的前身——大清户部银行在西交民巷23号成立。

此后**大陆银行**（17号院东段）、**中央银行**（17院号西段）、**中华汇业银行**（56号院）等国内银行，先后落户西交民巷。日本的**正金**、美国的**花旗**、英国的**汇丰**等几十家洋人的银行则在

东交民巷安了家。江米巷从此变身成为金融街。

西交民巷 17 号院是中国钱币博物馆。当年万人空巷的电视剧《编辑部的故事》就是在西交民巷 50 号（中国农工银行旧址）里拍摄的。胡同西端的 87 号院是开办于 1915 年的**"双合盛"啤酒**的创办人郝升堂的宅子，据说院子原来的主人是李莲英的姐姐。

西交民巷东口那座欧式建筑就是早年的"大陆银行"，新中国成立后改为中国银行。上大学的时候，同学的父亲在这里上班。当年银行的地下室被用作藏书库。记得一年暑假，笔者和几个同学在这里做了十几天的搬运工，看到不少有年头的线装书，也挣到学生时期的第一笔"巨款"。

宣南

　　自清末到民国年间，这条悠长的胡同就像当今的华尔街一样掌控着中国的金融市场，如今，它也是北京城少见的那个时代的西洋建筑群。

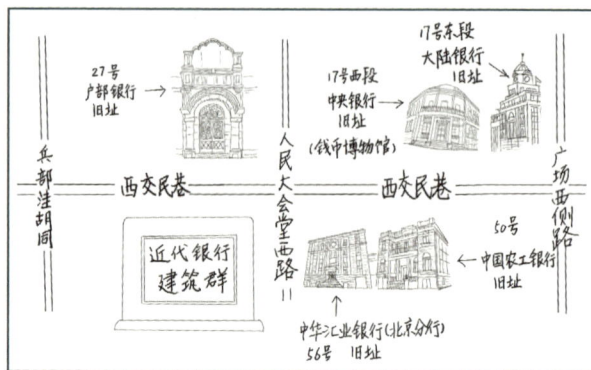

六部口 等位区

六部口在西单与天安门之间，西长安街的南侧。（大）**六部口街**南北走向，在其中段的东侧，还有一条**小六部口胡同**，界壁儿就是**北京音乐厅**。北京人说的"六部口"通常指的就是这一片区域。

明清之际，在天安门广场两侧有两排南北排列的房子，叫**千步廊**，是吏、工、户、礼、兵、刑六部和其他中央机关单位的办公场所。来京办差或述职的官员如同就诊一般，先在六部口一带候着，得了旨意后，等待觐见的官员由六部口街向南，到绒线胡同奔东，再出兵部洼胡同到六部办差述职。天长日久，这里就叫成了**六部口**。这

一带至今还有**东栓胡同**、西小拴胡同，据说就是当年等待上朝的官员们拴马的地方。听胡同里的老太太说，早年墙上还有拴马的铁环。

（大）六部口街北口的西侧原来是新新大剧院，即后来的**首都电影院**，现在是中组部，马路对面是中宣部。著名剧作家**夏衍**先生曾住在（大）六部口街 14 号。（大）六部口街北口的东边原来是西长安街邮局。据《北京志》载，光绪二十三年（1897 年）开办了大清邮政，光绪三十二年（1906 年）**大清第六家邮局**——本部支局就开在这里，1920 年改叫西长安街邮局。当年，这里也是北京人淘换邮票最有人气的地界儿之一。2009 年，这个陪伴了乡亲们 103 年的"老邻居"搬走了。

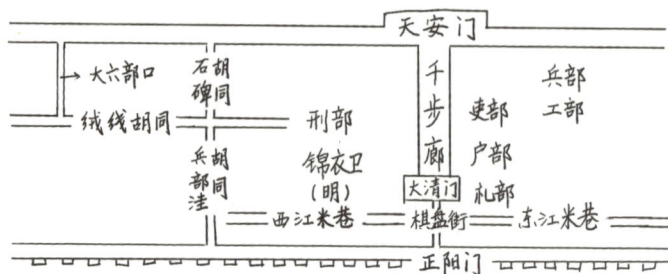

和邮局一起搬了家的还有其东侧一家叫**金广角**的摄影器材商店。上大学的时候，经常骑车路过这家商店。后来才听说，这里是北京骨灰级摄影发烧友的打卡地。

　　要说六部口一带的乡亲们才是正儿八经的皇城脚下的北京人，早年间出了家门就是皇城墙，现如今也是听着天安门的国歌起床遛早儿。那当儿家里都不用买闹钟，到了整点儿就能听到电报大楼里传出的悠扬环绕的《东方红》。

　　在（大）六部口街的北口，碰见了几位志愿者大妈，经老几位指认路口东侧的府右街地下通道就是当年邮局的所在。听大妈们说，如今电报大楼从早晨7点到晚上10点，每逢整点依旧打点报钟，还会播放《东方红》。为了重温一下昔日的感觉，就地与大妈们多唠了一会儿。其中一位特意转身给我展示其背后"志愿者"的标志，以示这份工作的庄重和自豪感。听她

们说，当年电报大楼停业时原打算取消报时的音乐和钟声，但遭到周边老邻居们的一致反对，理由是听了几十年了，没了这动静儿会影响大家正常的作息和生活。果然，十几分钟后，电报大楼传出了久违的《东方红》和报时钟声，心里有种莫名的激动。

2017年6月15日，电报大楼停业，六部口的许多老邻居也搬走了，但那清晰的《东方红》旋律一定是他们脑海里一生都抹不去的记忆。

老北京七十二行

——棚行

早年间，北京有不少以工匠命名的胡同。如今护国寺一带的前铁匠、后**铁匠胡同**，丰台区的东铁匠、西**铁匠营**等，大多曾是打造兵器的作坊。白塔寺北边的东弓匠、西**弓匠胡同**和朝阳门北小街的南弓匠营、北**弓匠营胡同**是制造弓箭的场所。从前在西铁匠胡同北边，还有一条专门制作马鞍的**鞍匠胡同**。大栅栏一带的王皮胡同早年叫**皮匠胡同**，东直门内俄罗斯大使馆南边的针线胡同原来叫**针匠胡同**，西直门内大街的北侧曾经还有条**棚匠刘胡同**，相传胡同内有个名叫刘福棠的棚匠开设的棚铺生意兴隆，是附近

一带的"网红"店。

老北京七十二行里有一样**棚**行。那当儿娶媳妇、嫁闺女、孩子满月、老人做寿以及出殡下葬这类红白喜事，都会搭个**喜棚**或者**白棚**。节庆庙会，买卖开张也都兴支个**彩棚**。腊月年节，当街牛羊肉铺搭棚防冻，称**暖棚**。打把式卖艺的天桥市场里搭**戏棚**。胡同里讲究的人家每到夏天，还会在院子里搭个**天棚**，纳凉遮雨。北京老话儿"天棚鱼缸石榴树，肥狗白猫胖丫头"说的就是四合院里这一出儿。

搭棚是个胆大心细的手艺活儿，不管搭多大、多高的棚子，杉篙都是平地立起，无须刨坑，绳扣系得既简单又牢实。特别讲究的要数喜棚，四周出廊子，搭成两层或多层，中心还带天井。据说当年北京的棚匠以河北沧州的居多，都有"练家子"的功底，十来米的沙蒿徒手就能上去，逢年过节时耍狮子的艺人不少就是由棚匠客串的。

搭棚子的主要物件儿是沙蒿（木头杆子）和苇席，也叫范席，"苇"就是芦苇。从前北京不缺芦苇，如今北京的朝阳、丰台都还有叫苇子坑的地方。西四北三条原来就叫**报子（范子）胡同**，珠市口东边的**大席胡同**、**小席胡同**都见证了棚行当年的高光时刻。

（大）六部口街北口的西侧（今电报大楼对面）从前有家**陈记六合棚铺**，属于行业里的"劳斯莱斯"。除了民间的买卖，六合棚铺还接过慈禧六十、七十岁的万寿庆典，光绪、溥仪的婚庆以及袁世凯出殡等大活儿。

前些年，有个常在电视上露面的"叫卖大王"臧鸿老爷子，镶白旗人，家里的本行就是棚匠。当年位于东西牌楼的德胜棚铺，就是他们家的买卖。

时过境迁，如今棚行已经不见了，但在北京周边赶上红白喜事的时候，乡亲们有时还会支起棚子接待宾朋，也算是对这个远去的行业的一种怀念。

油坊胡同

油坊胡同在西单路口的东侧，胡同南口是北京市第二医院。

早年间，北京有不少榨油的作坊。以油坊为名的胡同就有四条。除了这条油坊胡同，另外几处已经改换了名称。一条是如今灯市西口北京二十五中东侧的灯市口北巷，一条是赵登禹路上的北榆钱胡同（2003 年拆除）以及朝阳门内的禄米仓北巷。

听老人讲，北京人过去吃油就是芝麻香油和花生油，都是一毛、两毛地买，吃香油更是节省，用筷子蘸着滴

两滴就算是提鲜了。记得 1986 年看过一部话剧《狗儿爷涅槃》，林连昆饰演的贫农"狗儿爷"翻身后，对当年老财主祁永年吃咸菜搁香油一事一直不能释怀。

油坊榨出的油除了食用，还用于点灯。据专家考证，自商朝起就有用动物油点灯的记载，用植物油点灯兴起于三国时期，用煤油点灯是 20 世纪 20 年代左右的事了。

日本人田贞多一的《北京地名志》载，北京城有文字标记的**胡同牌子**是从 **1935 年**开始的。在此之前，远自元大都起的七八百年间，胡同名字都是口口相传地存留下来，凭的就是鲜活生动、朗朗上口。北京也由此留下了许多有滋有味的胡同名字。这其中就不乏同油坊胡同一样，以柴、米、油、盐等生活必需品命名的胡同。比如：

宣南

西单的劈才（劈柴）胡同、安定门内的柴棒胡同；

菜市口的**米**市胡同、地安门外的白米斜街；

叫**油**坊的胡同有上面说过的四条；

东四西大街的**盐**店大院；海淀清河的盐店胡同；

西四南大街的大**酱**坊、小酱坊胡同；

旧鼓楼大街的酒**醋**局胡同（今国旺胡同）；菜市口西边的醋章（张）胡同；

白塔寺北边的大**茶**叶、小茶叶胡同；

还有雍和宫边上的**针线**胡同；张自忠路的中**剪子**巷、北剪子巷；

朝阳门内的**烧酒**胡同（今韶九胡同）、**豆瓣**胡同；

大栅栏里的**取灯儿**胡同、**笤帚**胡同……

在那个没有超市的年代，胡同里的生活一样惬意、灵便。推车的、挑担的、背褡裢摇拨浪鼓的卖家随处可

见，油盐酱醋、萝卜白菜、烧酒火柴、针头线脑……不用出胡同就置办齐了不说，还实打实地没假货。

这些带着人间烟火的胡同名字，是北京人那段平平淡淡之中有滋有味岁月的一个见证。

宣南

绒线胡同在六部口的南侧，以北新华街为界，分为东、西绒线胡同。

西绒线胡同45号是努尔哈赤曾孙杜尔祜的贝勒府，也叫**光公府**。51号是爱新觉罗·**绵勋**的贝子府，也叫**霱（yù）公府**，原来就是光公府的一部分。院子里的住户说，这两个院子原是相通的。

爱新觉罗·绵勋是康熙第二十四子諴亲王允祕的曾孙，"**绵**"字辈是爱新觉罗家族中**道光**皇帝这一辈。早年，绵勋的旧府在美术馆的后身儿；同治八年间，绵勋迁居到西绒线胡同51号，旧府则改为咸丰皇

帝女儿荣安公主的府邸，后又转赐给恭亲王长女荣寿公主，如今叫北京（宽街）中医医院。

1959年，周恩来总理亲自选址，把西绒线胡同51号改成北京最早经营川菜的饭店——**四川饭店**。小平同志非常喜欢这里的宫保鸡丁，据说"白猫黑猫"的理论就是出自这里。20世纪90年代，四川饭店迁往恭王府；2010年8月，迁至新街口北大街3号。

1995年，西绒线胡同51号挂出了"**北京中国会**"的牌匾。这处私人会所与京城俱乐部、长安俱乐部、美洲俱乐部并称为"京城顶级四大会所"。除了国内名人政要，英国前首相撒切尔

宣南

夫人、法国前总统希拉克、美国前国务卿鲍威尔等，都曾是这里的客人。如今，51号门前"北京中国会"的牌匾已经不见了。

霱公府东边的北京市第三十一中学，其前身是英国中华圣公会于1874年创办的崇德中学。杨振宁、邓稼先、梁思成等大师以及孙道临、林连昆、黄宗江、宋世雄等文化名人都出自这所学校。

东绒线胡同74号为北京"四大名医"之一的**施今墨**先生故居。据说施家这一脉源自被朱元璋灭了十族的方孝孺，其后人不敢再用方姓，改姓了施，用"方—人—也"以示自己还是方家的后代。

西旧帘子胡同在西绒线胡同南边，1954年**梅兰芳**买下胡同里的29号宅子。1961年8月，梅兰芳先生在护国寺街9号病逝，梅夫人福芝芳为避免触景伤情，搬到了此宅居住。1966年，马连良先生惨死，梅夫人将困境中的马夫人接到府中，与自己一起居住了六年。在那个特殊年代，行侠仗义的梅夫人雪中送炭、义薄云天。

秋高气爽时分，站在东绒线胡同的西口远远就可看到东口外蓝天下的国家大剧院。

新壁街在油坊胡同东侧，北京市公安局西城区出入境接待大厅在胡同的东口。南边是北京急救中心。

新壁街早年叫半壁街，在老北京地图上，半壁街西北侧有一条南北向的转角胡同，名叫**翠花湾**。在复原的金中都地图上可以看到，都城的东北角并不是直角，有略微向内的凹陷。经专家考证，翠花湾就是地图上那个凹陷之处。就是说，这里曾是金中都东垣与北垣的交汇之处。

金中都大致位置示意图

（红线为今北京城地图 黑线为金代地图）

2004 年，翠花湾改建成了和平门小区。前些年，小区里还有一块连图带文字的铜匾，说的就是翠花湾和金中都东北角这点儿事，如今铜匾不见了。小区内一位热心老哥指认，小区健身广场的一角就是曾经摆放铜匾的地方。听这位老哥说，汪东兴同志一直住在小区界壁儿的新壁街 11 号院子，享年 100 岁。

新壁街 41 号是文物保护单位**吕祖阁**。新中国成立后，曾是水利部部长傅作义的办公室，如今已经成为大杂院。除山门和院墙被拆除，吕祖阁的其余建筑尚在，但大多已改造为民居。

吕祖阁建于清初，是北京供奉吕祖规模最大、等级最高的建筑。民国时期曾作为华北道教总会会址，听院子里的老人说，

这里也曾是老北京主要的粥厂①之一。

吕祖，名岩，字洞宾，生于五代宋初之际的 798 年。吕祖不仅是人们耳熟能详的八仙之一，还是道教**全真派**的祖师，与王玄甫、钟离权、刘海蟾、王重阳并称"全真教北宗五祖"。

后人对吕祖的崇拜源自"全真七子"之一的丘处机。丘处机的情商和口才让金世宗完颜雍和元太祖成吉思汗对其青睐有加，成吉思汗下诏将天长观改名长春宫（**白云观**），诏请丘处机掌管天下道教。一时间，全真教迎来历史上的高光时刻，全真教祖师吕洞宾也从此为京城百姓所膜拜。白云观内至今还有一座专门供奉吕洞宾的殿堂——吕祖殿。每逢**农历四月十四**，观

---

① 粥厂：旧时官府、慈善团体或人士施粥以赈饥民之所。

内都会举行隆重的吕祖圣诞祈福法会。京城内供奉吕祖之处，除了新壁街的吕祖阁，还有赵登禹路337号的**吕祖庙**、金融街西侧北顺城街15号的**吕祖宫**、西城区新成胡同13号的**吕祖观**和厂甸7号的**吕祖祠**。

吕祖阁第一进院落里正殿和两侧的建筑还在，从门口摆放的杂物和窗台上的啤酒瓶子看，正殿里已然过起了柴米油盐的日子。

宣武门

后悔迟

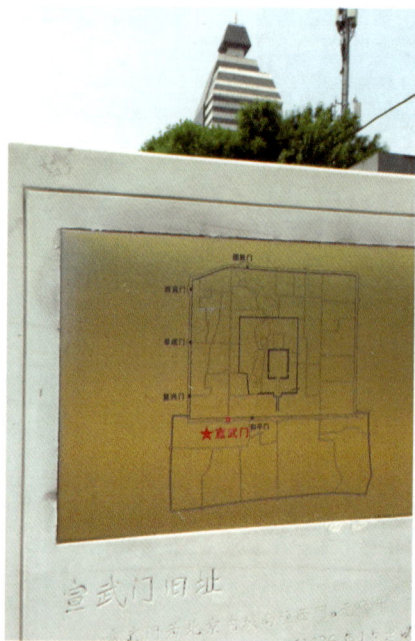

宣武门是明清内城南垣的西门，早年叫顺承门（讹传为顺治门）。明永乐十七年（1419年）明英宗朱祁镇（就是那个"土木堡之变"曾被瓦剌人俘获的皇帝）登基后取"文治武安，江山永固"之意。西侧的顺承门改为宣武门，东侧的文明门改为崇文门。

老北京"内九外七"这16座城门，每一座据其用途都有一个俗称，比如朝阳门叫**粮门**、西直门叫**水门**、崇文门叫**税门**。清朝年间的

刑场设在宣武门正南二里地的菜市口。每逢秋后"**出红差**"^①的日子，押运死犯的囚车一概经宣武门出城。另有，当年南城的墓地也多在宣武门外的陶然亭等地，这里也是送葬出殡车马的必经之路，因此乡亲们称之为**死门**。据说当年城门洞子顶上刻有"**后悔迟**"三个大字，也有说是在宣武门外护城河桥头立有一块"后悔迟"的青石碑。年复一年，多少人在这城门洞下有去无回。也许只有到了这一刻，才会痛定思痛地凝视平日里熟视无睹的"后悔迟"三字，才会有千般万般无济于事的悔恨涌上心头。

　　北京城钟鼓楼的报时钟声在溥仪离开紫禁城那一年（1924年）停止了，取而代之的是在宣武门城楼上架了火炮，每日午时鸣炮报时，当年称作**宣武午炮**，乡亲们依炮声而定时，据说

---

① 出红差：古时处决犯人砍头要见血，俗称为"出红差"。

宣
南

首次鸣炮就震塌了两间民房。"午炮"一直延续到 20 世纪 50 年代。

1966 年，宣武门和崇文门一起被拆除了。从老照片还可以看到宣武门教堂，当年的 9 路无轨电车在宣武门前经过，护城河上的桥尚在。

1950 年，在得知北京城墙将要被拆除的时候，梁思成和陈占祥曾提出搁在今天也具有前瞻性的保留老城、修建中央行政区和在西郊另建新城区，构建一个"大北京"的"梁陈方案"。梁思成在方案里曾这样规划这座老城："北京的城墙乃至世界的颈环的尊号而无愧。它是我们国宝。城墙上面，可以砌花池，栽植丁香，蔷薇一类的灌木……夏季黄昏，可供数十万人的纳凉游息。秋高气爽的时节，登高远眺，俯视全城……一个全长达 39.75 公里的立体环城公园！"

如今，宣武门不在了，一起消失的还有那块刻着"后悔迟"的石碑。

北京有四大知名的天主教堂，分别是王府井**东堂**、西什库**北堂**、西直门**西堂**和宣武门**南堂**。**南堂**也是后来的**天主教北京主教堂**。

意大利传教士利玛窦（1552—1610年）不仅是天主教在中国传播的先驱之一，也是学者、科学家。他是第一个把儒家经典"四书"翻译成拉丁文的外国人。而其与徐光启合译的《几何原理》，让中国的算数走上了与世界同步的轨道。万历三十年（1602年），利玛窦绘制出了**第一幅发现美洲的中文地图**——**《坤舆万国全图》**，万历

北京市重点文物保护单位

南堂

皇帝龙颜大悦，万历三十三年（1605年）恩准其在宣武门修建了北京城内的第一所天主教教堂。

清顺治七年（1650年），在德国传教士**汤若望**（1592—1666年）的主持下，教堂进行了大规模扩建。汤若望在中国生活了47年，历经明清两朝。他协助徐光启编辑完成了标志着中国天文学与世界站在同一起跑线上的《崇祯历书》。顺治帝对汤若望信任有加，私下尊称其为玛法①，任命其为官居五品的钦天监监正一职。相传，正是采纳了汤若望的建议，顺治确立了已患过天花并痊愈的玄烨（康熙）为大清的储君。悲催的是，顺

---

① 玛法：在满语里有老爷爷的意思，是对老人的尊称。

治去世后，保守派以"邪说惑众"的罪名致其含冤入狱。康熙四年（1666年），汤若望死于狱中。

汤若望去世后，主理教堂事务的是汤若望的学生，来自比利时的传教士**南怀仁**（1623—1688年）。南怀仁算得上是康熙帝的科学老师，康熙帝后来对几何、天文等自然科学产生浓厚兴趣和南老师有很大的关系。南怀仁曾编撰了多部天文学、地理学著作，还绘制了多幅地图。他当年参与设计、监制的赤道经纬仪、天体仪等，如今陈列在北京古观象台内。康熙二十六年（1688年），南怀仁去世，康熙帝亲自撰写了祭文并为其举行了隆重的葬礼。

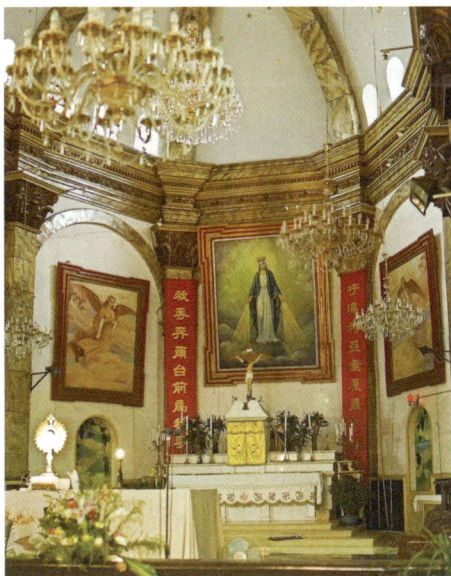

利玛窦的墓（上图）在如今车公庄大街路南的北京市委党校内。墓的东西两侧分别安葬着南怀仁（中）和汤若望（下）。三位神父就这样不期而遇地长眠在异地他乡。他们为近代西方科学知识和天主教在中国的传播做出了贡献。向他们致敬！

① 复兴门内大街

闹市口北口

文昌胡同
②

佟麟阁路

东钦匠胡同

参政胡同

西单

教育街 ⑥

③

新文化街

④

新文化街

⑤

宣武门内大街

闹市口大街

受水河胡同

头发胡同

佟麟阁路

⑦

⑧

小市胡同

众益巷

抄手胡同

象牙胡同

原象来街

长椿街北口

宣武门西大街

⑨ 宣武门

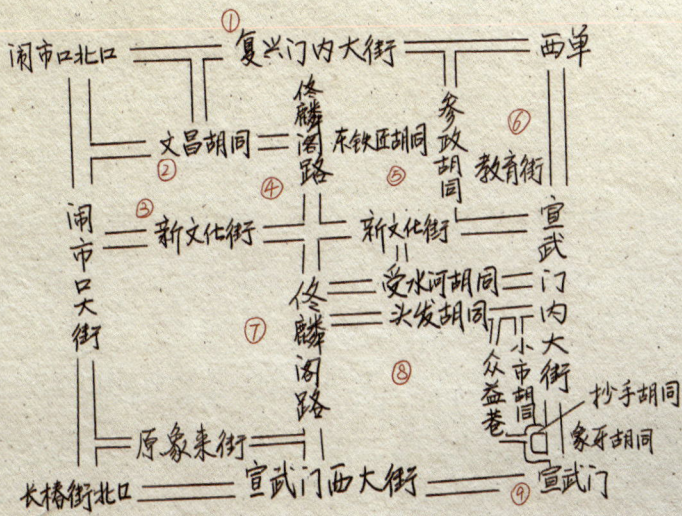

① 民族文化宫　　　⑥ 清学部
② 李大钊故居　　　⑦ 圣公会教堂旧址
③ 镶红旗都统府　　⑧ 新华通讯社
④ 克勤郡王府　　　⑨ 繁星剧社
⑤ 鲁迅中学

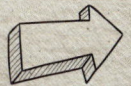

佟麟阁路（上）

民族英雄

北京城内有三条以抗日英雄命名的街道，分别是**张自忠**路、**赵登禹**路和**佟麟阁**路，这三位民族英雄都出自当年冯玉祥的国民革命军第二十九军。

1937 年 7 月 7 日，伴随着卢沟桥的枪声，抗战全面爆发。7 月 27 日，日军向北京南部发起攻击。时任二十九军副军长的佟麟阁（河北保定人）和师长赵登禹（山东菏泽人）率部在南苑与日军浴血奋战，由于实力悬殊及作战计划被叛徒出卖，这场惨烈的战斗以中方失败而告终。28日午后时分，赵登禹率部在大红门突围时被炸断了双腿，壮烈牺牲。几个小时后，佟麟阁中弹后血流不止，但依旧与将士们并肩作战，最终因失血过多及头部重伤阵亡。这对生前的结拜兄弟，就这样以为国捐躯的方式兑现了他们"不求同年同月生，但求同年同月死"的感天动地的仗义豪情。

南苑保卫战中，二十九军阵亡的将士五千余人，其中包括千余名由一二·九运动的骨干组成的"学兵团"。年轻的士兵们牺牲时，距他们第一次领到枪不到几小时，但他们无所畏惧地冲出战壕与小鬼子刀枪相见，将一腔热血留在了北京这片土地上。这一年赵登禹39岁。45岁的佟麟阁牺牲后被追认为上将，他和张自忠上将是**中方在抗战战场上牺牲的最高级别的军人**。

南苑保卫战失利后，二十九军全线南撤，从此中国人民开启了艰苦漫长的抗战岁月。

如今，南苑保卫战已经过去了85年，人们不会忘记那些曾用生命捍卫这座城市的民族英雄。佟麟阁路、赵登禹路、张自忠路也让北京人牢记着那段壮怀激烈的血与火的日子。

宣南

佟麟阁路（下）

通惠河与大明濠

　　佟麟阁路在长安街南侧，北口对着民族宫，南口接宣武门西大街，这条街道是早年间贯通北京内城南北的河道——**大明濠**的南段。大明濠的前身是元代的**金水河**。

　　金水河这路水脉来自北京城西边的玉泉山，因五行中**西属金而得名**。**金水河**经和义门（**西直门**）引入元大都，在如今**赵登禹路**北口转向正南，经**白塔寺**路口、**太平桥**大街、沿**丰盛胡同**向东流

入皇城南西墙外的护城河及皇城内的三海①。时至今日，天安门前的河还叫金水河，河上那几座桥也还叫金水桥。据《燕都从考》载，这条由北向南的金水河上曾有30多座小桥，如横桥（新开胡同一带）、马市桥（白塔寺路口）、厂桥、太平桥、甘石桥、象房桥等；另外，鲁迅故居八道湾、前泥洼、后泥洼、西斜街、东斜街、二龙坑（今二龙路）等地名也都和这条金水河息息相关。那当儿的北京也有小桥流水、胡同人家的光景。

　　当年的金水河水质清澈，因流入皇城，据说一路还有士兵把守。明朝后期，由于上游河道淤积，逐渐干枯，金水河被用作城内的排污渠，不能再流入皇城的护城河及三海，由此改道

_____

① 　三海：北海、中海、南海的合称，位于北京城内故宫和景山的西侧。

经**太平桥**南端向东，在如今民族宫门前改道向东南，经**佟麟阁路**奔南汇入**宣武门**外的护城河，最终汇入通惠河，原来的金水河也从此改名为**大明濠**。

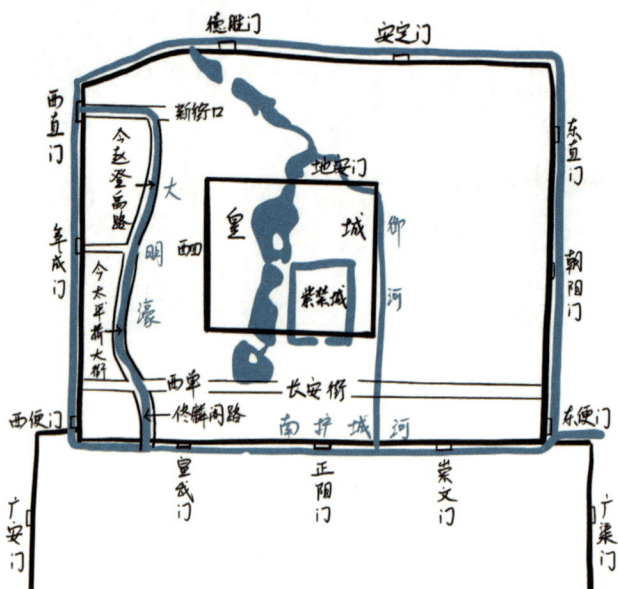

民国初期，由于河道的干枯及北京人口的激增^①，大明濠已然成了北京内城里污水横流、垃圾遍野的"龙须沟"。1921 年，北洋政府启动了治理大明濠的惠民工程，用了 10 年的光景，将大明濠改造成暗沟，铺上了马路，起名**沟沿大街**。1947 年，为纪念抗日英雄，南沟沿、北沟沿分别改名为佟麟阁路和赵登禹

---

① 据《内务统计》，溥仪退位的 1912 年，北京城人口为 72.5 万人；1925 年为 126.2 万；到了 1948 年突破 200 万。

路。途经赵登禹路、太平桥大街、闹市口、佟麟阁路的这条大明濠上修成的马路，也成为**北京城内最长的一条斜街**。

如今，佟麟阁路62号是新华社的院子，曾是中国第一届**国会的旧址**，北洋政府参众两院的所在地。85号院是建于清光绪三十三年（1907年）的**中华圣公会的教堂**（从前叫南沟沿教堂），如今改为"模范书局＋诗空间"，成为京城内"网红"的文艺范儿咖啡馆和书店。

由西直门开往五间楼的7路公交车，恰是途经赵登禹路、太平桥大街和佟麟阁路这段当年的河道之上，成了大明濠周边乡亲们出行的"专列"。

宣
南

新文化街（上）

拉车的王爷

新文化街在西单的南侧，早年叫**石驸马大街**。因大明朝那个好斗蛐蛐儿的宣德皇帝有个石姓姑爷就住在这条街上，从此得了名。南北走向的佟麟阁路把新文化街分成两段。胡同西口的 137 号院是早年间**镶红旗的都统衙门**。北京第二实验小学在街东段的 53 号，门前一对高冷的狮子和嵌在墙上的牌匾告诉路人，这所北京最知名的小学的前身曾是一个王爷的宅院——**克勤郡王府**。

第一代克勤郡王**岳托**是努尔哈赤的次子礼亲王代善的长子，为清初的"八大铁帽子王"之一。岳托虽屡立战功，但脾气暴躁、

口无遮拦，先后两次被定了死罪，差点被砍头。"岳托"二字在满语里据说就是"有点二"的意思。

　　克勤郡王传到第十七位**宴森**（下图）的时候，到了1910年，宴王爷的"铁帽子"戴了两年就闹了辛亥革命，大清没了。宴王爷是个抽烟、喝酒、烫头都不耽误的主儿，没两年家产就折腾光了。王府卖给了民国时期的教育家、慈善家熊希龄，熊

家人后来将王府捐给了北京救济会，用以收养孤儿和慈善事业。而那位宴王爷最终穷困潦倒沦为车夫，奔波于四九城的大街小巷，被戏称为"车王"，成了京城的一景。时至今日，位于门头沟永

定镇宴王爷祖上的克勤郡王墓，被乡亲们称作**车王坟**。

克勤郡王府东侧的 45 号如今是**鲁迅中学**，这片带有民国遗风建筑，早年也是宴王爷祖上的宅子。

话说克勤郡王传到第三位罗科铎时，改号**平郡王**。罗科铎之弟诺尼的贝勒府就在如今的鲁迅中学。诺尼的孙子名叫斗包，此府也被乡亲们叫作**斗公府**。后来人们把克勤郡王府叫作**西府**、把斗公府叫作**东府** 1924 年东府更名为北京女子师范大学，鲁迅先生曾在此兼职授课。1926 年 3 月 18 日，刘和珍君们就是从这里出发前往铁狮子胡同的北洋执政府请愿示威，引发了震惊国人的"三·一八惨案"，也留下了鲁迅那段充满铿锵悲愤的"沉

胡同儿里的溜达

默呵，沉默呵，不在沉默中暴发，就在沉默中灭亡"的呐喊。

新文化街北侧是**教育街**，民国时期的教育部就设在这条街的 1 号，鲁迅先生当年就在这里上班。教育街 1 号和 3 号原本是努尔哈赤长子褚英的三子尼堪的**敬谨亲王府**。光绪三十一年（1905 年），大清废除科举，在敬谨亲王府设立了清学部。如今，教育街 1 号被称作**清学部遗址**，3 号成为武警招待所。

新文化街（下）
曹雪芹在北京城的日子

　　康熙四十五年（1706 年），**平郡王纳尔苏**迎娶了一位曹姓女子为侧福晋（据说是由康熙帝指婚），此女子正是**曹雪芹的亲姑姑**。曹雪芹也由此与克勤郡王一脉有了血脉上的交集。而纳尔苏之子，曹雪芹的表兄福彭后来也成为曹雪芹朋友圈里寥寥无几的好友之一。克勤郡王家的"东西二府"也是曹雪芹在京城留下的为数不多的几处足迹之一。

　　那段日子里，新文化街街上的东西二府时常会出现身着长衫的曹雪芹行走的身影。另有专家分析，深得雍正重用、一度官拜"定边大将军"征讨噶尔丹的曹雪芹表兄平郡王福彭，有可能就是《红楼梦》中那位立过军功的北静王的原型；还有专家认为，石驸马大街上的东西二府有可能就是"荣宁二府"的出处。

雍正六年（1728年），十二三岁的曹雪芹随着落败的家族由南京来到北京城，直到去世前的三十几年里，除有一年左右的光景离开过北京，其余生岁月都留在了这片地界儿。

经专家和红学爱好者的考证，曹雪芹在北京居住过的地方有崇文门外蒜市口、通州张家湾、西山、克勤郡王府、西单小石虎胡同、什刹海边上的大凤翔胡同以及内务部街11号等八九处。除了蒜市口、小石虎胡同和西山这三个住处为红学家们一致认可，余者基本属于没有铁证的推测。

宣南

　　崇文门外蒜市口 16 号（广渠门内大街 207 号）是唯一清廷内务府档案里有据可考的曹雪芹的住处。在对老院子清理的过程中，找到了刻着"**端方正直**"四字的四扇屏门。这四字在《红楼梦》书中曾出现过，有专家推测有可能这正是曹家的家训。

　　西单北侧的**小石虎胡同 33 号**在康熙年间曾是吴三桂之子吴应熊的额驸（驸马）府，后来改为旗人开办的"右翼宗学"，曹雪芹曾在这里谋了一份类似助教的差事。也是在这里，曹雪芹结识了好友敦敏、敦诚兄弟。如今的小石虎胡同除了 33 号院都已拆除，据说院子的原貌正在恢复中。

离开小石虎胡同的"右翼宗学"，曹雪芹隐居西山，在"举家食粥酒长赊"的岁月里开始了"著书**黄叶村**"的日子。关于北京的西山，有专家认为曹雪芹的确在此住过，但准确的地点是否就在如今香山植物园内的曹雪芹故居，尚有存疑。曹雪芹故居北边不远处是梁启超先生的墓地。

1999 年，曹家在蒜市口的祖居随着两广路的扩建变成马路。2019 年，曹雪芹故居的恢复工程启动，据说不久即将竣工。老宅子已然片瓦无存，新"故居"建不建似乎已不重要，要紧的是，北京人都知道在这片地界儿曾留下过落魄公子曹雪芹落寞的身影，他住过哪里并不打紧，整个北京城就是他的故居。

头发胡同

中国第一家为寻常百姓开办的图书馆

　　头发胡同在新文化街南侧，中间隔着一条受水河胡同，胡同的西口对着佟麟阁路上的中华圣公会教堂。清代，北京城的戏楼都设在南城，不少专营戏台用品及髯口的铺子在这儿扎了堆儿，这条街就被叫成"头发胡同"。1153年，女真人把国都迁到北京，改称"金中都"，头发胡同一线就是当年**金中都的北垣**，北边的受水河胡同就是当年护城河的位置。

中国第一个现代意义上的国家图书馆是 1910 年由清学部筹建的**京师图书馆**，馆址在什刹海北岸鸭儿胡同的广化寺。1912 年，鲁迅随教育部进京并出任主管图书馆工作的第一科科长。1913 年，在鲁迅的主持下，**京师通俗图书馆**在头发胡同南侧的抄手胡同东口（今繁星剧社的位置）成立，1919 年移至头发胡同 22 号（新号为 63 号），这也是**中国第一家为寻常百姓开办的图书馆**。图书免费阅览，都是乡亲们喜闻乐见的通俗读物，还专门设立了儿童图书馆。鲁迅在日记里也多次记载该图书馆：如 1914 年 8 月 18 日，"下午同徐吉轩至通俗图书馆小坐，次长亦至"；1914 年 12 月 22 日，"午后同徐吉轩、许季上至通俗图书馆检阅小说"等。

宣南

头发胡同东段早年有一个交易旧书及旧货的露天早市，也叫"小市"，距离鲁迅当时的工作单位教育部约十几分钟的路程。在北京生活的那段时间里，琉璃厂和小市是鲁迅闲时最常去的地方。至今，头发胡同东端还有一条小市胡同。

雍正年间，镶红旗的官学也办在头发胡同里，据说有学舍48间。遗憾的是，如今已说不清在哪一个院子里了。1号和3号院早年是正白旗副都统景恩的宅子，金柱院门还能让人联想起当年都统的风光。曾任北京市副市长的吴晗在1号院里住过。

抄手胡同在头发胡同的南侧。北京叫**抄手**的胡同不止一条。抄手胡同，顾名思义，其实就是一条"U"形的胡同，乡亲们也叫它"口袋胡同"，如同两只手交叉搭在对侧胳膊上端在胸前。北京人用这一造型来形容胡同，四川人则用来形容馄饨。

交道口西边不远的路南有家"熊记抄手"，小面和抄手的味道很独特，喜欢这口儿的走过路过别错过。

宣
南

消
失
了
的
象
来
街

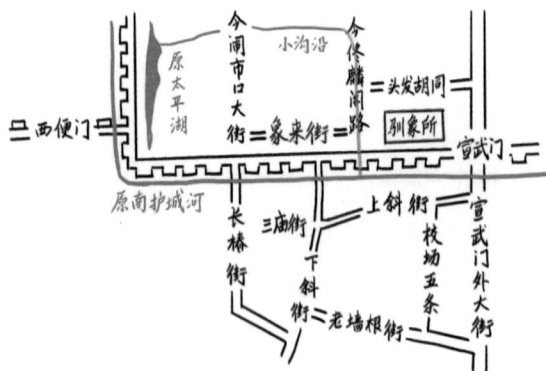

先给象来街正个名。

如今在网上搜索"象来街"三字，直接蹦出来诸多这样的词条："象来街就是现在的长椿街""长椿街原来叫象来街"……看来发帖子的人对北京的街道的记忆还有些许的模糊，其实长椿街和象来街从来没有半毛钱的关系。

象来街在宣武门以北，属内城，东西向。长椿街是宣武门南边一条南北向的街道。一个东西向，一个南北走向；一个在

内城，一个在外城，不光隔着城墙，中间还有条护城河呢！

20世纪50年代，9路、10路公共汽车在长椿街北口设有一站，站名就叫象来街，或许是因为这个公交站，才有把长椿街编排成象来街这荒腔走板的一出儿。

曾经的象来街在宣武门西大街北侧，紧邻内城的南墙。如今，佟麟阁路62号院新华社小区就是明清时期的**象房**①，大象们平日里到护城河沐浴的时候，来去的路线都途经这条街，由

---

① 在中国传统文化与民俗中，因"象"与"祥"谐音，故被赋予吉祥、长寿、吉象送财之意。古人云"太平有象"，即有吉祥如意之意。至少从元代开始，北京地区已有大象，而历史上京城及京郊建有多处象房，均为皇家驯养大象之所。

宣
南

此有了"象来街"这应景儿的名字。在象房东侧宣武门的北边，至今还有一条**象牙胡同**，也是当年象房留下的痕迹。

自元大都起，北京城里就养了大象。相传当年皇帝出行的阵仗里就是大象开道。明清以来，东南亚属国常有进贡，据说最多的时候佟麟阁路的象房里同时驯养着近40头大象，如今西长安街电报大楼的位置就是当年的演象所。每年的农历六月初六是大象到城外护城河沐浴的日子，每逢这一日，乡亲们奔走相告，万人空巷，兴高采烈地聚众围观。城外护城河边也会支起茶棚、小吃摊。好热闹的还会提前预订护城河南岸斜街北口一带的酒楼临窗的位子，边喝酒边观景儿。除了沐浴戏水，驯象师也会指令大象完成各种Pose和喷水等互动环节。这一日，宣武门一带如同过节般喜庆。

象房，在民国年间成为国会所在地，如今此地唤作**国会旧址**。1913年4月8日，中华民国第一届国会的开幕式就在这里举行；1949年，**新华社"入住"**。62号院东侧的一条小巷被称

作众议院东夹道。如今，这条胡同还在，改叫**众益巷**。象来街南边的那条街道原来就叫国会街，当年国会的参议院位于如今宣武门西大街甲 97 号的新华社发行楼的院内。

昔日的象来街如今已成为宣武门西大街的一部分。"象来街"的公交站名如今改成"长椿街北口"。位于宣武门西大街路南 14 号的**象来街招待所**一度是存留到最后还带有"象来街"的称呼。2000 年以后，"象来街招待所"的招牌摘了，北京城从此再无象来街的痕迹了。

新华通讯社

宣武门西大街　　　宣武门

天宁寺桥　　　　　　　　上斜街 ④

西便门内大街　槐柏树街　海街　偶鹴胡同　达智桥胡同

天宁寺　　　宣武艺园　　　　广安胡同　宣武门外大街

南护城河　　　善果胡同　长椿街　斜街　　　　　　教场五条

西二环　　　广义街　报国寺东夹道　　老墙根街　　教场四条

北线阁街　　　①　　②　　③　　　　　　　喜鹊巷

广安门桥　　　　　　　广安门内大街　　　　　　　　菜市口

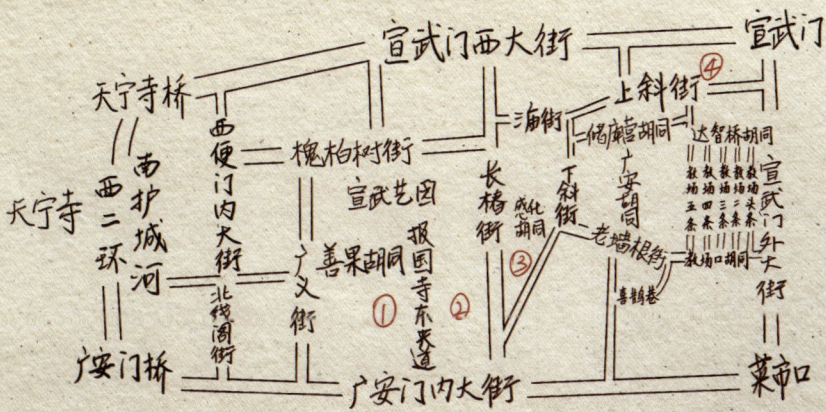

① 报国寺
② 宣武医院
③ 长椿寺（北京宣南文化博物馆）
④ 龚自珍故居

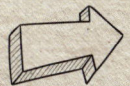

➡

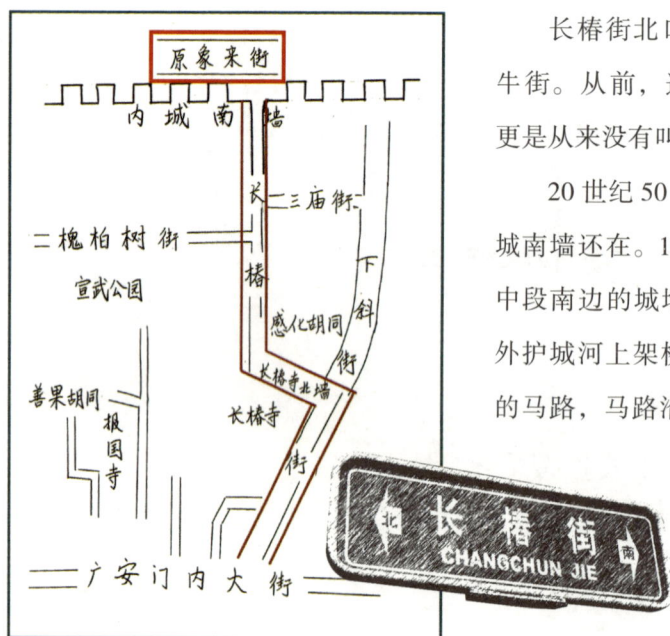

长椿街北口对着闹市口，南口接牛街。从前，这条街不是一条直线，更是从来没有叫过"象来街"。

20 世纪 50 年代，前三门一线的内城南墙还在。1953 年前后，在象来街中段南边的城墙处开了豁口，在城墙外护城河上架桥的同时铺设一条向南的马路，马路沿长椿寺北墙向东汇入下斜街南段。1965 年北京市重新修订街道名称时，把这条新铺设的马路和

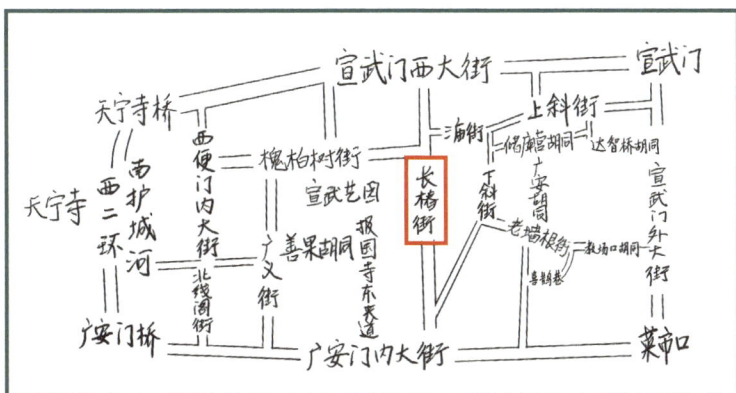

下斜街南段合并为一条街，并依街中有长椿寺而定名为"长椿街"。那当儿，象来街还硬朗着呢！直到2001年道路改建，打通了中段，长椿街才变成如今这般南北通透的模样。

长椿街9号是建于明万历二十年（1592年）的长椿寺。万历皇帝的生母李太后是北京人，出生地在如今通州的潞县镇。太后崇信佛教，一生修建了七八座寺庙，长椿寺就是其中之一，"长椿"二字由万历钦赐。寺中的住持是李太后特地派人寻来的名僧——水斋法师。

相传自 1500 多年前的南北朝起，皇帝通常会指定一位僧人代替自己出家修行，名曰"**替僧**"：一是祈福延寿，二是向天下人展示皇帝的虔诚仁厚。据说济公和韦小宝都曾做过替僧，《红楼梦》中的妙玉就是贾家请来的"替姑"。水斋法师的弟子被钦定为万历的替僧，在长椿寺修行，长椿寺也由此在**万历年间被称作"京师首刹"**。

　　长椿寺对面的宣武医院，曾是长椿寺的一部分——妙光阁，后来变成北京城最大和等级最高的土地庙——**都土地庙**。早年，老北京"四大庙会"之一的土地庙庙会，说的就是在这里。据清《顺天府志》载："每旬之三有庙市，游人杂沓，与护国、隆福两寺并称胜。"1958 年，都土地庙改成了宣武医院。

　　北京宣南文化博物馆如今就开设在长椿寺，博物馆设有八个展馆，说的就是一件事——宣南是北京城的缘起，宣南文化是老北京文化的起源。

天宁寺

北京城里的第一座寺院

　　前门大街把北京城一分为二，墙北边为**内城**，墙南边是**外城**。林海音的《城南旧事》说的就是外城地界儿的事。前门大街向西一直延伸就到了西二环上的天宁寺桥，桥西几百米就是——天宁寺。

　　据《日下旧闻考》，天宁寺建于北魏孝文帝时期（471—476 年），当年叫"林光寺"。那年月，北京这片地界儿比它还早的寺庙只有两个。不过这

两座寺庙都不在城内，一座是建于西晋永嘉元年（307年）位于门头沟的潭柘寺，一个是建于东晋咸康四年（338年）位于怀柔的红螺寺。天宁寺是**北京城内的第一座寺庙**，天宁寺的阿弥陀佛雕像据说是**地表最大的一尊金丝楠木佛像**。

938年，大辽国把陪都（辽南京）设在了北京，都城就在如今的广安门一带，天宁寺那当儿属于城中心的位置。辽天祚帝十年（1120年），在寺内建造了当年北京地表最醒目建筑——天宁寺塔。据说当年13层的塔身自上而下有360个花瓣灯、3000多个风铃。每逢重大节日，文武百官和乡亲们就会聚集在天宁寺塔四周，塔上花灯闪烁、铃声悠扬；塔下，人们心里默默祈求的是风调雨顺、太平吉祥。永乐年间，朱棣的谋臣高僧姚广孝曾住在天宁寺里。

北京这地界儿地处北纬40度左右，与大同、宣化一线属于早年间游牧与农耕的分界线，也是中原王朝抵御北方民族的"**前沿防线**"。**中国的第一段长城**就是战国时代

胡同儿里的溜达

秦、赵、燕三国不堪匈奴骚扰而联手修建的。北京就是从那时起与北方民族结下了不解之缘。

从北魏到隋唐，从辽南京到金中都再到元大都，天宁寺目睹了北京城与北方民族水乳交融的悠久岁月。

地铁 6 号线和 10 号线在西三环花园桥的西侧有一站叫**慈寿寺**。万历四年（1576 年），明神宗为母亲慈圣皇太后祝寿修建了慈寿寺，在寺内仿照天宁寺塔的样式修建了一座姊妹塔——永安万寿塔，也被乡亲们叫作**玲珑塔**。慈寿寺已经毁于战火，沐浴沧桑的玲珑塔还静静矗立在那里。时光荏苒，玲珑塔和天宁寺塔这对"姐妹"，就这样在日出日落的轮回里，默默无声地相伴了四百多年。

当年的慈寿寺如今换成了玲珑公园，慈寿寺地铁站前那条东西向的马路现在叫**玲珑路**。

宣南会馆（上）

会馆的来历

北京城在明朝第十二个皇帝嘉靖之前还只有内城（前门大街至北二环）这片区域。嘉靖三十二年（1553年），加建了外城（前门大街到南二环），城内划分为白纸坊、宣南坊等七个坊。"宣南"一说实际上是来自**宣南坊**。但在如今的北京人心里，"宣南"说的就是南城（外城），南城才是正宗的老北京。

崇祯十七年（1644年）五月初二（阳历6月6日），多尔衮带着六岁的顺治由朝阳门打进北京，内城的汉人都被轰到外城。从此，以前门大街为界，北边的**内城**是满

人和旗兵，南边的**外城**就成了北京土著的生活区，宣南这地界儿从此有了天涯若比邻的同乡会馆、大栅栏的买卖、天桥的把式、琉璃厂的书画、前门大街的戏楼茶馆、门框胡同的老北京吃食、八

大胡同……也有了林海音的《城南旧事》、老舍的《茶馆》《龙须沟》、张恨水的《春明外史》《啼笑因缘》。

北京城的会馆出现于明、兴盛于清。**最早的会馆**是明永乐初年（1403—1424 年）由安徽人在前门外的长巷上五条修建的**芜湖会馆**。起初的会馆是给出门在外的同乡行个方便，有点"驻京办"的意思，也叫**乡绅会馆**。后来，做买卖的人以同样的模式复制出了**工商会馆**、**行业会馆**。

宣南

　　会馆大规模的组团出现是在清朝。那当儿，会馆主要的用途是接待赴京赶考的书生，也叫**试馆**。试馆由京城内一部分先富裕起来的外地人集资兴建，资助老家来京赶考的书生，有的只收取少许的食宿费，还有的直接免费招待，甚至提供路上的盘缠。李鸿章、袁世凯、张勋都曾为同乡的会馆捐助银两。

　　据清《顺天府志》载，当年京城 445 所会馆中有 355 所在宣南，所有这些会馆中 90% 以上都是试馆。正是由于这些会馆的存在，让宣南这片地界儿一度成为中国历史上传统文人的集散地。

宣南会馆（下）

会馆与名人

宣南会馆是一种文化，文化来自与其交集的名人和历史。

北京最早的会馆是建于明永乐年间的安徽芜湖会馆，位于前门外长巷五条 7 号。

北京城最大的会馆是李鸿章、李翰章兄弟领衔所建，位于宣武后孙公园胡同路北的安徽会馆，占地 9000 多平方米，馆舍 200 多间。当年是安徽籍淮军将领和达官显贵在京城的会所。

米市胡同 43 号的**南海会馆**因

康有为而知名。康有为是广东南海县人，光绪八年（1882年）赴京赶考时就住在南海会馆。1895年鸦片战争失败后，康有为、梁启超在这里写下了一份《上皇帝书》。中国有名的历史事件"公车上书"，上的就是这个书。康有为当年在这里住过的院子叫七树堂。

浏阳会馆在北半截胡同41号，与南海会馆一街之隔。戊戌年间，谭嗣同就住在这里。怀着改造中国梦想的他，给自己住的院子起名"莽苍苍斋"。

南半截胡同7号是**绍兴会馆**，是中国第一篇白话小说《狂人日记》和乡亲们都

熟知的《孔乙己》的诞生地，这里是鲁迅在北京的第一个住处（1912—1919 年）。

虎坊路 3 号是张居正（湖北荆州人）私宅改建的**全楚会馆**，嘉庆年间大修后改叫**湖广会馆**，还搭了大戏台，同治九年（1870 年），曾国藩（长沙人）曾在这里办了六十大寿。1912 年 8 月 25 日，在孙中山的主持下，同盟会与其他四个党派在湖广会馆召开改组大会宣布合并，重新组成国民党。现如今，是德云社的演出场地。

上斜街 36 号从前是袁世凯家族捐资兴建的**河南会馆**，1895 年 5 月 2 日那场轰动京城的"公车上书"就是从这里聚集出发的。如今的会馆换成了小学校。

烂缦胡同 101 号是建于光绪年间的**湖南会馆**；1919 年，毛泽东初到北京时曾住在这里。

南柳巷 40 号是作家林海音的故居,其前身是福建人修建的**晋江会馆**。《城南旧事》应该就是林海音在这里生活的印记。

菜市口北边有条山西街,7 号院是当年的**潜山会馆**。1919 年,张恨水(安徽潜山人)到北京后就住在这里,成名作《春明外史》就出自此院。

粉房琉璃街 115 号是梁启超(广东新会人)在北京的故居,其前身就是**新会会馆**。1916 年,梁启超在这里写下著名的《保国会章程》,并策动自己的学生蔡锷起兵反对袁世凯称帝。

大栅栏西侧樱桃斜街 11 号的**贵州会馆**(西单饭店),是蔡锷在京期间住过的地方,也是他与小凤仙那段悲凉的爱情故事的发生地,拍摄电影《知音》的时候曾在这里取过景。

…………

曾有人统计,至 1949 年,北京的会馆还有 400 多个;1956 年,随着广东会馆最后一个把房产交给政府,宣南近 600 年的会馆文化就这般落下了帷幕。

每一座会馆都是一段北京城的故事。

报国寺

文艺范儿的收藏市场

报国寺在宣武医院的西侧，出了地铁 7 号线广安门内站就是，这一站若是改叫报国寺站似乎更合适。如今的报国寺在北京的知名度不高。

其实报国寺并不是寺庙的本名，是个俗称。寺庙始建于辽代，据史料载此庙"有寺无额"，当年是个没有名字的小庙。明成化年间，当朝皇帝的亲舅舅了断尘缘，一心向佛。成化皇帝遂以给母亲周太后祝寿的名义，在原庙的旧址上重新修建了一所寺院，赐名"慈仁寺"，并任命舅舅做寺庙的住

持。重建的寺庙恢宏气派，迅速上了京城的"热搜"，声名鹊起，香火鼎盛。

明末清初之际，以寺庙为中心，有了以交易文玩旧物、古籍善本为主的**庙会**。那当儿，文人名士和赶考的举子都集中在宣南一带，报国寺也成为京城最知名的**书市**。还有许多文人雅士偏爱报国寺的清静幽雅和文化氛围，常年留驻寺内。其中就有给《聊斋志异》作序的高珩，还有写下那句激励历代中华儿女的"天下兴亡，匹夫有责"的顾炎武。顾老师当年住过的院子如今辟为**顾林亭祠堂**。此外，清初著名诗人王渔洋、《桃花扇》的作者孔尚任、写下《日下旧闻》的朱彝尊以及作家金庸的祖

辈——诗人查慎行等当时的文艺青年，都是报国寺书市的常客。书市和这些文人雅士的存在，也让这座古老的寺庙充满了浓郁的文化气息。每逢农历初五的日子，乡亲们扶老携幼逛庙会、赏花景，文人雅士们访书市、会好友，报国寺内外欢声笑语、其乐融融。

1997 年，报国寺举办了第一届全国钱币展，与此同时也开启了报国寺文玩收藏市场的序幕。市场里各种古玩旧货、钱币、邮票、票证、徽章、烟标、连环画等应有尽有。其中，报国寺的钱币收藏一度成为业内的风向标，掌控着钱币收藏的市场动向和行情。报国寺也成为和潘家园齐名的古玩收藏市场。有所不同的是，报国寺市场的玩家多以北京土著为主。

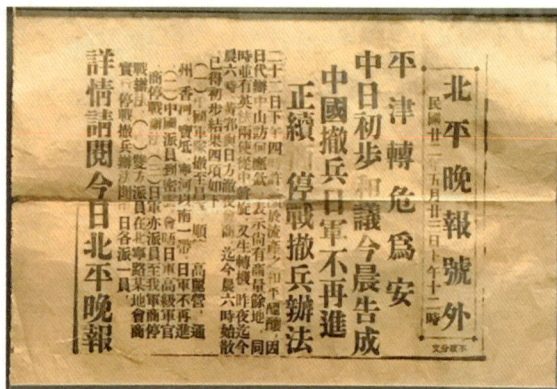

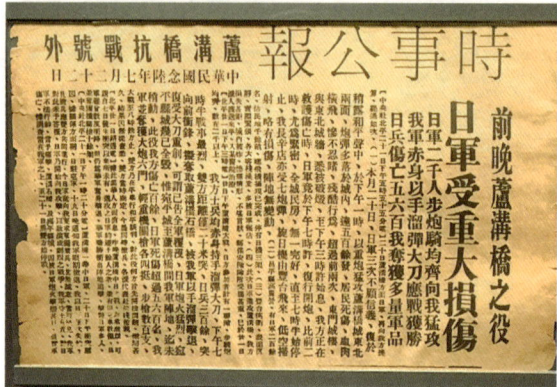

　　2003 年，报国寺举办了全国首届报纸号外展：1911 年《时报》号外"恭祝共和成立"，1925 年《顺天时报》号外"孙中山先生千古"，1933 年《大公报》号外"日本侵略东北、热河告急"，1945 年《新华日报》号外"中苏缔结友好条约"，1949年《人民报》号外"北平解放"，1964 年《人民日报》号外"我国第一颗原子弹爆炸成功"以及"申奥""非典"的号外等近400 篇，每一篇都让人瞬间回到那些风雨沧桑的历史瞬间。

　　2020 年，经营了 22 年的报国寺古玩收藏市场关闭，回归为文物保护单位。昔日的慈仁寺又恢复了往日的宁静。

善果胡同

胡同里的寺庙

善果胡同在报国寺的北边。"善果"这名字听上去似乎就有一种禅意，胡同也正因坐落其中的善果寺而得名。

得知我在寻找善果寺的遗迹，胡同里一位热心大妈指着胡同东口的红砖楼，说那就是从前善果寺的位置，拆了有小四十年了。她年轻的时候每天上下班都刻意绕开善果寺走，因为听老人说早年寺里常年停有灵柩。大妈实诚，向她道谢的时候，她倒似乎有几分歉意："不用谢，也没给您帮上忙。"

同善果胡同一样，早年北京城与寺庙相关的胡同还有很多。有人统计，至1949年北

京城内因寺庙得名的胡同还有 600 多条。除了白塔寺街、护国寺街等，诸如成方街（城隍庙）、净土胡同（净土寺）、宝产胡同（宝禅寺）、东冠英胡同（东观音寺）、蓑衣胡同（裟衣寺）、抬头巷（抬头庵）、灵境胡同（灵济官）等，还有舍饭寺胡同改称民丰胡同、阎王庙街改称迎新街、姑姑寺胡同改称永恒胡同……

实际上，北京城内与寺庙相关的胡同远不止 600 多条。乾隆十五年（1750 年）绘制的《京城全图》中，北京城内标注的胡同有 1400 条，而明确标出的寺庙共 1320 座，属全国之最。寺庙几乎成了北京胡同里的标配。

如今，除了逢年过节的雍和宫、白云观、潭柘寺，寺庙似乎在北京人的记忆中已被淡忘。其实就在七八十年前，观音庙、关帝庙、土地庙、财神庙、灶王庙、火神庙、药王庙等大小各异的寺庙在京城无处不在，而这些寺庙也成为胡同里与乡亲们生活息息相关的一部分。

那当儿，家里添了人口或是有人过世，通常会到庙里点个卯、报个到；有个病、闹个灾的也会到庙烧香拜佛、驱灾辟邪；遇上烦心添堵的事，也会去寺院里叨念叨念，寻求心灵上的抚慰——**寺庙是胡同里乡亲们的精神家园。**

在 1914 年社稷坛开辟成中央公园（中山公园）之前，北京城内还没有"公园"一说。那年月，**寺院庙观也是城里乡亲们遛弯儿纳凉、休闲放松、赏花踏青的去处。**

逢年过节以及正日子上寺庙举办的**庙会和各种祭拜庆典，** 除了为乡亲们的物质文化平添了乐趣、传承了民俗，也让平凡的日子充满了**仪式感。**

寺庙还是为逝者办理丧事和**停放灵柩**的地方。**寺庙有时也是粥厂、诊所、客栈、学堂。**

对于胡同里的寻常百姓来说，寺庙提供了物质和精神方面的双层需要。而对于帝王将相来说，**以儒治国、以佛治心，** 透过寺庙的讲经布道安抚民心、教化百姓成为忠顺的良民于无形，这恐怕

也是当年北京城寺庙如此之多的原因之一吧！

　　时光流转，今天的物质生活恐怕远远超出了百十年前人们所能想象的繁荣，但总还是让人觉得似乎缺了点什么。

三庙街

胡同界"非著名的扛把子"和北京城的关帝庙

三庙街在长椿街的东侧。早年间，这一带有三座关帝庙，三庙街那座排行老三。说它是"胡同界的扛把子"是因为经专家考证，这条街在唐朝年间就有了，当年是幽州城内最繁华的商业街——檀州街的一部分，距今已有千余年了，比砖塔胡同还早了 200 多年。

说它"非著名"是因为唐朝那当儿还没有**"胡同"**一说，都兴叫**"街"**，"胡同"二字是在元代才全须全影儿地出现，砖塔胡同是现存文字记载里第一个出现的胡同名字。三庙街虽老，也只能屈居"非著名扛把子"之名。

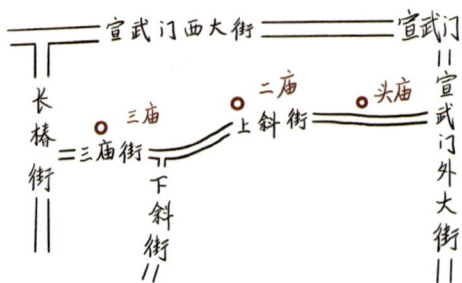

三庙的原址在三庙街23号（已无存），二庙位于与三庙街相接的上斜街111号，头庙在上斜街的东口，如今三座庙全都不在了。听一位在三庙街生活了40多年的住户说，打小儿就没见有过什么庙，如今的三庙街都已改建成整片的楼房小区。但一片不大的地界儿立了三座关老爷庙，想必是有什么耐人寻味的故事和传说。

北京城曾是一座"寺庙之都"。据乾隆年间的《京城全图》标记，当年北京城内的寺庙有1320座，其中关帝庙就有121座。

　　北京城内最古老的关帝庙是位于西四北大街 167 号的建于金代的护国双关帝庙，如今只剩山门还在，寺院已经成为大杂院。

　　香火最盛的当属正阳门瓮城里的关帝庙，据说供奉的关公神像是明朝宫中的旧物。每到农历五月初九就开始了**"磨刀祭"**，到了五月十二的祭祀，乡亲们明烛高香、笙箫琴瑟，过年般的热闹中带着满满的仪式感，如今也没有了。

　　有专家考证地安门西大街 101 号的位置在明朝年间是北京城知名的白马关帝庙，据明《宛署杂记》载"我朝英宗帝梦神骑白马至是地"，而得名。如今这里是一家银行。

　　忠义千秋、义薄云天的关老爷集忠、孝、节、义于一身，是乡亲们世代崇敬的神祇。而散落在胡同深处的关帝庙，似乎也是帝王将相教化臣民的那锅"踏破铁鞋无觅处，得来全不费功夫"的心灵鸡汤。

宣南

　　上斜街与三庙街、下斜街交汇，早年间，这条斜街是与护城河相通的河道。

　　前面提到的那三座关帝庙中的头庙、二庙，分别就在上斜街的 25 号和 111 号院，如今 25 号已无存。在胡同里往返了两三回，才找到在高台阶上不起眼的二庙旧址——**上斜街 111 号**。如果不是刻意寻找，相信走过路过的没有人会留意院门上那个不起眼的小门楼，就是当年那三座关帝庙现今仅有的遗存。

　　上斜街曾是"会馆一条街"，有人统计过从明清到民国这条街上先后有过 11

家会馆，眼下可寻的没几处了。

如今广安胡同把上斜街分为东西两段，上斜街东段西口的北侧新华园宾馆的前身是**鑫园澡堂**，相传是李莲英家的买卖，据说侯宝林大师常来这儿泡澡。鑫园澡堂当年在烟袋斜街里有家连锁店还在，如今叫鑫园宾馆。

东莞会馆（旧馆在烂漫胡同）在上斜街 56 号，其前身是大将军年羹尧的故居。

50 号院在上斜街东段的西口，原是晚清诗人**龚自珍在北京的住所**。龚先生在这里住了 5 年，后来改建成**番禺会馆**。院子正在翻修、腾退中。听一位留守的老哥说，这院子里住了小30 户，腾退安置地在南四环公益桥一带。据他说，早年广安胡

宣南

111

同没有这么宽，龚老师宅子的西厢房就在如今的广安胡同马路正中。

42 号院是**太原会馆**的后门，正门开在南边的储库营胡同。东院是乡祠，西院是会馆。

太原会馆的西侧原是**吴兴会馆**。1900 年，被称为"**近代中国法律改革第一人**"的沈家本买下这所没落的会馆。正是沈老师借鉴洋人的法律对大清律法的修正，中国的律法才开启了近代文明之旅，凌迟、枭首等酷刑也从此废除。沈氏故居的正门开在上斜街南边的金井胡同 1 号。

上斜街 36 号当年是**河南会馆**。1895 年，由康有为、梁启超组建的维新派第一个社团"强学会"，就设在河南会馆。身为河南人的袁世凯不仅是强学会会员，为河南会馆也是尽心投入。

戊戌变法后，为保护"六君子"的家属免遭迫害，袁世凯一度把他们安置在了河南会馆。如今这里是一所小学校。

街两侧高底盘儿的院子，让人联想起这里的人家当年临水而居的场景。晨光暮霭里的城墙下、河岸边，时常闪动着浣衣洗菜、家长里短的乡亲们的身影。北京城也曾有过江南水乡的光景。

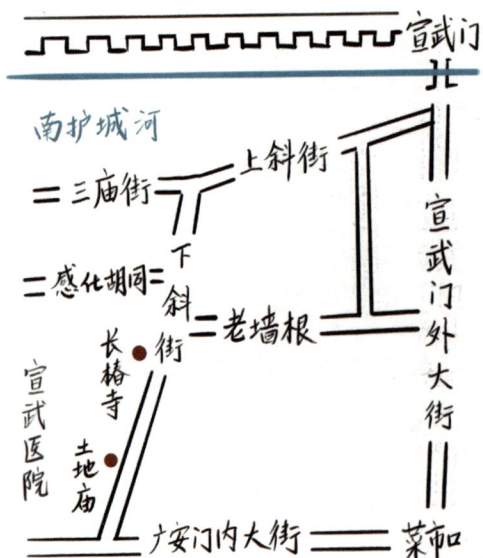

下斜街和上斜街一样，早年是河道，北口接三庙街，南口对着宣武医院。周边的顺河一、二、三巷，**宣武门西河沿**也都提示这里曾有河流过。

宣武医院早年也是下斜街的一部分，其前身就是当年北京城最有名的土地庙——始建于金代的**都土地庙**。

早年的北京城寺庙多，最为喜闻乐见的就是关帝庙和土地庙。

土地庙，据说源自汉代、兴于明朝。据明《琅琊漫抄》载，朱元璋就"生于盱眙县灵迹乡土地庙"。作为中国两个农民出身的皇帝之一（另一位是刘邦），朱元璋更明白"土地"与"天下"那层互为里表的关系，自明朝起，兴修土地庙蔚然成风。

土地神的别称有很多，人们常挂在嘴边的"皇天后土"中的"后土"就是土地神，"江山社稷"中**社**和**稷**分别为土地神和五谷神。这些名称中，**土地爷**是乡亲们最上口的称呼。虽说官不大，但管的事可不少。除了保佑乡亲们风调雨顺有个好年景，土地爷还身兼测姻缘、断争纷、避瘟疫、保平安、抚伤痛、掌户籍的职责。《天仙配》里就是土地爷作法成全了七仙女和董永的好事。正因如此，土地庙成了乡亲们茶余饭后经

宣南

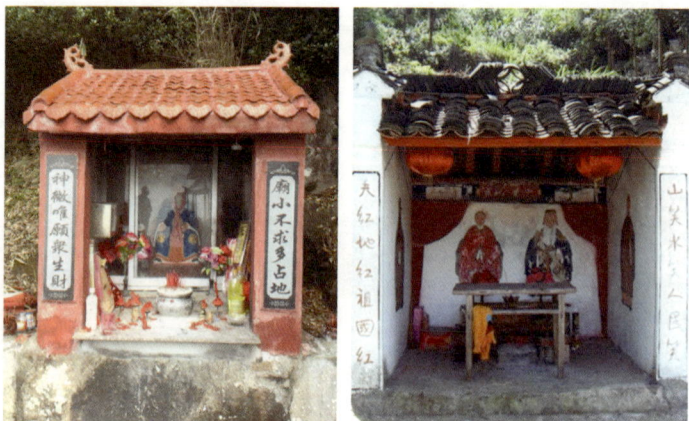

常走动的去处，庙里绵延不断的香火，也日复一日保佑和陪伴着胡同里的乡亲们。

与其他庄重严肃的寺庙不同，土地庙大多也都由乡亲们自行筹建而成，因而不分场合、不论大小地分布在街头巷尾、田间地头。平易近人的土地公不仅是倾诉衷肠、祈福求愿的神灵，也被乡亲们视为"隔壁老张"般家长里短、调侃互动的对象。这一点，从土地庙里的对联就可见一斑：

上联：公公十分公道；下联：婆婆一片婆心。

上联：多少有神气儿；下联：大小是个官儿。

上联：莫笑我庙小神小，不烧香试试；下联：休仗你权大势大，想作恶瞧瞧。

…………

北京城最豪横的土地庙是天安门西侧的社稷坛，是明清帝王祭祀土地爷的地方。**民间规模最大的土地庙**就是下斜街口上

胡同儿里的溜达

的这座都土地庙。据说**最小的土地庙**在国子监，大小如同一个座钟。南新华街 21 号早年是琉璃厂土地庙，此外，朝阳的北极阁四条、二条因建有土地庙，早年分别叫"大、小土地庙"。东城交道口南侧路西，也有一处颇有人气的土地庙，当年还有"土地庙抽灵签，界壁儿就是大兴县（指大兴胡同）"的歌谣。阜成门内的追贼胡同（后改为民康北巷，已无存）、海淀的老虎洞胡同当年都有香火旺盛的土地庙。每年的农历二月二是土地神的诞辰，乡亲们在这一天都会带上水果点心来庙里看望"土爷"。鲁迅小说里的**社戏**，说的就是慰问社神土地爷的文艺演出。

20 世纪 50 年代初，下斜街的庙会停办，1952 年都土地庙被拆，建了宣武医院。如今，北京城里的土地庙都已无影无踪，四九城里的人们也都住进了高楼，离土地越来越远了……

达智桥胡同

松筠庵和严嵩

　　达智桥胡同早年也是条河道，河上还立有一座石桥，附近有蒙八旗军营。那当儿乡亲们把蒙古人称作"鞑子"，这桥就被叫成"鞑子桥"。后来，河干了，桥没了，只剩下了这条胡同。

　　12号院是杨椒山祠，也叫松竹庵。从外观上看，这里应该是当年祠堂的后门。这地方如今成为"网红"打卡地。其一，松筠庵是史书中所载嘉靖年间不畏权势、实名举报当朝首辅严嵩，而被迫害致死的忠臣杨继盛（杨椒山）的故居；其二，这里也是1895年10月那场著名的"公车上书"运动

中，学子们聚集和签字画押的地方。

　　杨继盛初在南京任职七品，经严嵩的提拔进京入朝为官，后成为明朝著名的谏臣。先是因为不满朝廷对长城以北蒙古人的怀柔政策，弹劾实施边贸互市的大将军仇鸾未准，而一度被罢官。嘉靖三十二年（1553 年），杨继盛又实名举报了严嵩。奏疏中，既有对严嵩独揽朝政、任人唯亲的陈词，也有揭发严嵩卖爵受贿导致将领盘剥士兵、官吏压榨百姓，"致使士卒失所，百姓流离，流毒遍海内"，以及居功自傲，对皇上不敬等被朝野认为是"空疏无实"的指控。最终，杨继盛被嘉靖帝下了狱，死在狱中。

　　在清人写的《明史》里被列为"六大奸臣"之一的严嵩，年轻时也是个学霸型的有志青年。26 岁中进士，入朝为官；45

宣南

岁官至最高学府国子监的祭酒（校长）；在 84 岁被罢官之前的 15 年里，严嵩一直位居嘉靖朝的内阁首辅。

尔虞我诈的宫斗中，身居官场职务链顶端的严嵩结过党、营过私、排除过异己；也笑里藏过刀、落井下过石。在那个"三年清知府，十万雪花银"的年代，位居首辅 15 年的严嵩必定也理直气壮地贪过污、受过贿。那当儿满朝文武之中，两袖清风、行端影正的大概也只有不受同僚待见、连张居正都不愿与其为伍的海瑞了。

严嵩翻手为云覆手为雨的 15 年，正值"甩手皇帝"嘉靖帝近 30 年不上朝的日子。严嵩可说是替皇帝独掌朝政，稳定了国家大局。他利用通商互市及怀柔政策稳定了北方的鞑靼，重用戚继光等有用之才抑制了南方的倭寇，也曾一度反对痴迷于道教的嘉靖帝大兴土木修宫建庙。据说当年嘉靖帝不顾国库空虚，

执意在北京城四周砌墙，修建外城，在严嵩的奏请下，最终只在京城南面加修了外城，这才有了如今"凸"字形的北京城。

嘉靖四十三年（1564年），因儿子严世蕃案发，84岁的严嵩终被刘手**徐阶**（杨继盛的老师）借机扳倒，被罢官抄家。据说当时被抄没的田产有两万余亩。戏剧性的是，6年之后，徐阶同样落得被抄家的下场。而这个曾以"清廉"自居、仅做了6年首辅的"忠臣"在上海被抄没的田产据说有四十万亩，比做了15年首辅的严嵩多出20倍。

有人说所谓"忠奸"，有时不过是成者王侯败者寇的官场斗，决定"忠奸"的是皇帝的好恶和后代史官的需要。还有人说，没有好人和坏人，只有善念和恶念。你会对一个人好，也会对另一个人凶；你有自私贪婪的人类本性，也有无私奉献的人性

宣
南

光辉。孟子说"人之初**性本善**",荀子说**人性本恶**,告子说"人之初**无善恶**",而对于自然界的万物来说,或许"拯救世界"的人类就是它们眼中的"地球之恶"。

透过历史的烟云似乎蒙眬地看到,严嵩身背的"奸臣"二字里,有自己作的为、有嘉靖甩的锅、有儿子挖的坑、有同僚刷的色(shǎi),也有写《明史》的清人对前朝的成见,好像还有那个穿越时空至今还影影绰绰留在人们记忆里,认为世上除了君子就是小人的传统观念。

有些远去的历史,也许永远不会再说得清楚。但历史和人一样,不是黑白的,而是彩色的、立体的。

老墙根街

城墙下的胡同

老墙根街始于辽代，与三庙街同龄，是北京最老的街道之一。

辽南京是在唐代幽州城的基础上修建而成，著名历史地理学家侯仁之先生主编的《北京城市历史地理》一书，对**辽南京**的位置有如下描述："辽南京城的**东垣**在现在的烂缦胡同西侧一线；**西垣**在今小马厂、甘石桥、双贝子坟偏西一线；**南垣**则在今白纸坊东西街稍北一线；**北垣**大致在今白云观以北（至头发胡同）一线。"城墙沿烂缦胡同向北延伸，穿过校场口胡同。老墙根街的东口与校场胡同西口相接，正对着辽南京的东墙，因而有了"老墙根"之名。

据《燕京访古录》记载，在老墙根曾发现一段古城墙遗址：

辽南京大致平面图

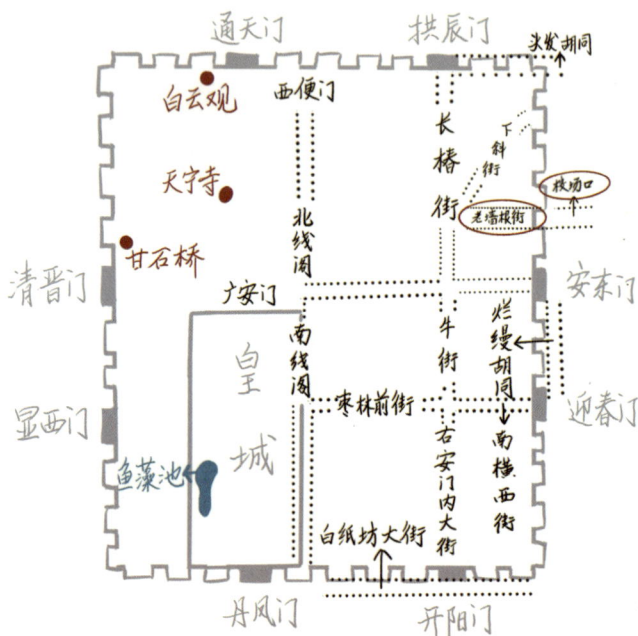

长一丈八尺、高九尺，城砖坚固，石基如新，上刻有"辽开泰元年"等字样。据说"文革"期间，曾在老墙根街东口地下发现一座桥，经考证为辽南京城护城河上的石桥。

老墙根街 31 号院是明清时期的**安徽歙县会馆**，如今的院门已全然看不出从前的印记。41 号院是**陕西商州会馆**，门洞里还留有一块嵌在墙里的记录建馆的石匾。39 号院曾经是家老字号酱菜园——**荔馨酱园**。院子里门楼上的牌匾虽被树叶遮挡，但"荔馨酱园"四字依旧能让人感受到强烈的年代感。荔馨酱园当年在南城也是知名的酱菜园子，属南派酱园的，据说酱园的主人姓曾，是"桂馨斋"的学徒。老墙根街也曾是南城有名的夜市，天黑开张，天亮散场，交易的都是旧货、假货，也是销赃变现的场所。

老墙根街的东北侧是校场口一至五条，校（教）场是清代操练兵马的场所。当年，镶蓝旗驻防宣武门，营房在槐柏树街，操练场就在这一带。校场口二条5号，是京剧名伶言慧珠的故居。言慧珠的父亲是"四大须生"之一的言菊朋。

宣南

北京人都知道北京城内曾经有四个地方做过法场：**柴市**（交道口）的元代法场、**西市**（西四）的明代法场、**菜市口**的清代法场、**天桥**的民国法场。实际上在清末民初，法场由菜市口移至天桥之前，还有过一个法场，地点就在老墙根街西侧的**感化胡同**。早年，那一带没有地名，法场就设在一片坟岗荒地之中，后来在法场旧址上为后进青年开办了感化学校，就有了"感化胡同"的名字。

老墙根街里的转角楼原来有三处，如今只剩下这一处了。驻足观望之际，几只鸽子带着哨声从转角楼的楼顶飞过。时光流逝，沧海桑田，许多年前一定也有鸽子从这里飞过，它们一定见过千年前契丹人在这里修建城墙、三百多年前满人在这里操练的场景。

宣武门 ━━ 宣武门东大街 ━━ 和平门

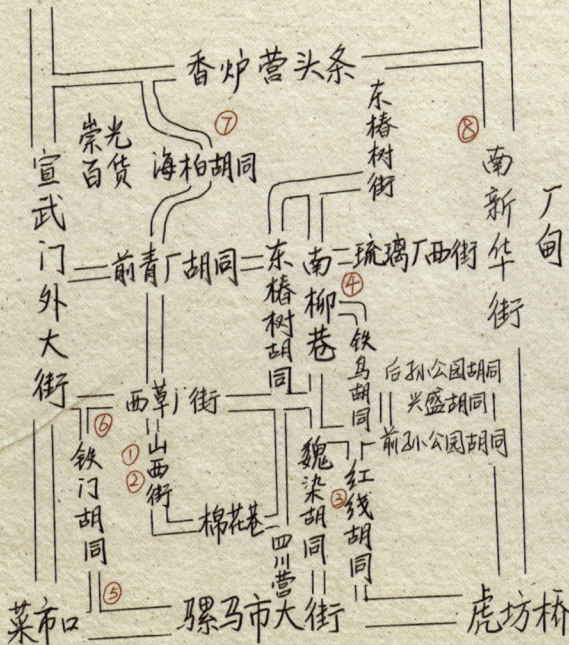

香炉营头条

东椿树街

崇光百货

⑦ 海柏胡同

⑧ 南新华街

宣武门外大街

前青厂胡同

东椿树胡同

琉璃厂西街

厂甸

南柳巷 ④

铁鸟胡同

后孙公园胡同

兴盛胡同

前孙公园胡同

西草厂街

⑥

① ②

铁门胡同

魏染胡同

红线胡同

棉花巷

四川营

菜市口 ━━ 骡马市大街 ━━ 虎坊桥

⑤

① 荀慧生故居
② 张恨水故居
③ 京报馆
④ 林海音故居
（晋江会馆）
⑤ 桂馨斋酱园
⑥ 施愚山故居
⑦ 朱彝尊故居
⑧ 泰丰照相馆

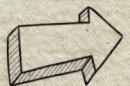

海柏胡同原在宣武门外庄胜广场的东侧，因胡同里有一座海波寺而得名。23 号院是潮州会馆、20 号是澧阳会馆、顺德会馆在 16 号。

康熙年间，胡同里曾住过两位文化"大咖"：一位是孔子的六十四代孙，《桃花扇》的作者**孔尚任**（1648—1718 年）；一位是写下北京地方史《日下旧闻》的**朱彝恩**（1629—1709 年）。

康熙二十八年（1689 年），孔尚任在海柏胡同被他称作"岸堂"的书房里，开始了自己的文艺创作。康熙四十年（1700年），《桃花扇》完成并轰动了京城的舞台，但因剧中有为史可法等抗清人物歌功颂德之嫌，后遭禁演，孔尚任也被罢了官，

直接回了曲阜。

朱彝恩，浙江嘉兴人，清初的学者、藏书家、考据学家。有专家考证，朱彝恩与曹雪芹的祖父曹寅是多年的挚交。康熙二十三年（1684 年），朱老师移居至海柏胡同 16 号。身为历史学家，有感于作为辽、金、元、明都城的北京，遗留了大量的文物和古迹，却没有一部系统记录北京历史的典籍，朱老师有了"故老沦亡，遗书散失，历年愈久，陈迹愈不可得"的感慨并立下宏志，查尽籍，走遍京城大街小巷，历经两年时间，在他的"紫藤书屋"里完成了 42 卷的鸿篇巨制《日下旧闻》。想必当年北京的胡同里一定时常闪动着朱老师骑着毛驴早出晚归的身影。

"日"代表皇上，"日下"就是皇帝住的地方，搁这儿说的

宣南

就是北京城。《日下旧闻》从1600多种古籍中系统地整理出了北京自远古至明末以来内容最丰富、考据最翔实的关于山川地理、文物古迹、民俗建筑的文献和遗闻旧事，是一部有关北京城人文地理的百科全书，不仅具有极高的学术价值和历史价值，这部地方志更是留给后人和北京这座城池的无价之宝。

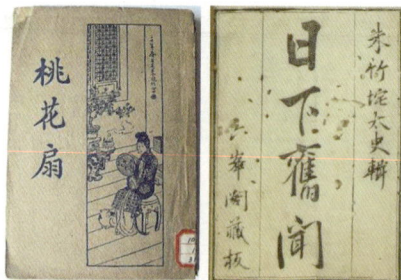

后来乾隆皇帝下旨，将《日下旧闻》修订成《日下旧闻考》。《四库全书》对此有所点评："古来志都京者……当以此本为准绳矣。"

如今在百度地图上还能搜到海柏胡同的位置，但实际上16号院连同整条胡同早已被拆了。

《日下旧闻》经久流传，而紫藤书屋已踪迹难觅。朱老师给北京留下了跨越千年的珍贵史料，北京却没能留给他一个容身之处，着实让人唏嘘……

铁门胡同

老虎、酱菜和刑场

铁门胡同在海柏胡同的南侧。如今的铁门胡同已被分割成南北两段，北口在西草厂街、南口在骡马市大街。明朝年间，铁门胡同、魏染胡同一带是圈养老虎的地方，清人程迓亭《箕城杂缀》有云："虎坊桥在琉璃厂东南，其西有**铁门**，前朝虎圈地也。"那扇铁门，就在铁门胡同里。

铁门胡同11号是当年的**宣城会馆**，"清初六家"之一——安徽宣城人**施愚山**的故居。施愚山是清顺治年间的进士，曾出任山东学政。在此期间，**蒲松龄**与这位恩师相识，并在日后将其以实名写进自

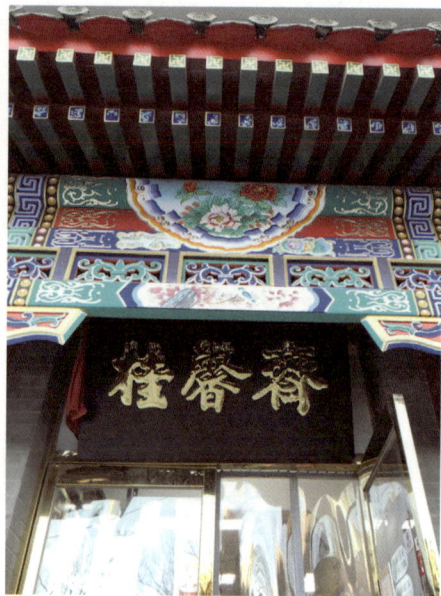

己的著作《聊斋志异》。在《胭脂》的故事里，蒲松龄就把施愚山描写成一个智勇双全、满身正能量、巧断凶杀案的清官老爷。遗憾的是，《聊斋志异》出版的时候，施老师已经离开人世了。

1924年，**张恨水**从山西街的宣城会馆搬出后，一度也在铁门胡同租住过。

清乾隆元年（1736年），一对来自南方的夫妇在铁门胡同南口开了一家酱菜园，取名"**桂馨斋**"。独特的配方、精细的制作、来自南方的冬菜和梅干菜等食材，以及看家的酱佛手疙瘩，给吃惯北方酱菜的北京人带来了一种舌尖上的惊喜，生意迅速红火起来，乡亲们还给它起了个入乡随俗的名字——**铁门酱菜**。后因慈禧老佛爷也好这口儿，桂馨斋还被赐腰牌和六品顶戴，据说直到新中国成立前，那顶六品顶戴还摆放在桂馨斋的店里。

桂馨斋的旧址已经不在，如今胡同南口路东的第一个院子128 号就是当年桂馨斋后院的库房。听出生在这院子里的一位大姐说，当年桂馨斋的作坊是个大院子，正门在如今骡马市大街的正当间儿。当年大街扩建的时候，桂馨斋的大部分院落随着南段的小半条胡同都给拆了。大姐边说边指给我看，周边的房子都是"人"字形的房顶，唯有这座院子的屋顶是平的，为的就是当年要在房顶上晾晒酱菜。

　　清朝年间，京城的法场设在菜市口。据说法场的具体位置就在菜市口与铁门胡同南口之间。光绪二十四年（1898 年）9 月 28 日，"戊戌六君子"就是在铁门胡同的南口由西向东排开，依次被砍了头。

　　现如今，铁门、桂馨斋、法场都已不在，只留下"铁门胡同"的名字让人依稀还能想起从前的虎房、酱菜和"戊戌六君子"……

山西街

张恨水和荀慧生

铁门胡同的东侧是南北走向的山西街，山西街的东侧已扩建成马路，只剩下西侧的一半。

山西街早年叫山西营，因明末进京勤王的山西军队驻扎此地而得名。安徽潜山人**张恨水**在上海《申报》驻京通讯社和《益世报》工作期间，就住在山西街7号的潜山会馆。山西街的北侧就是报馆云集的魏染胡同、永兴庵、铁鸟胡同。

潜山会馆的6年人间烟火，以及报社的工作体验，给张恨水带来不少灵感，催生了其成名作《**春明外史**》。小说透过身居宣南会馆的新闻报人杨杏园在北京的所见所闻，真实生动地描述了20世纪20年代北京城从市井风情到官场黑幕的各个层面，让京城的读者生出一种身临其境、人在画中游的感觉。1924—1929年间，《春明外史》在《世界日报》刊登连载。据说在长达5年的时间里，每天下午都有读者风雨无阻地在报馆门口排队，等着和书中主人公一起"朝九晚五"。

记得一日溜达到法源寺南边的盆儿胡同时，发现胡同里一所学校挂着"北京十五中春明校区"的牌子，不由暗自窃想，此地与张恨水的住地和上班的报社都不算太远，《春明外史》中的"**春明**"二字会否与这片地界儿有关？打听了不少胡同里的

住户，都说没听说过这一带曾有与"春明"有染的地方，有些失望。后来才知道，张恨水的"春明"是来自唐代长安城一座城门的名字。"春明"后来也成了长安的代称，亦是"都城"的意思。

历史和故事不一样，故事可以由着性儿地想象。

山西街甲13号是"四大名旦之一"**荀慧生**先生（1900—1968年）的故居。荀先生在北京曾有前门外大耳胡同、南半截胡同、椿树上三条、白庙胡同等多处故居，这一处是他晚年的居所，也是唯一存留下来的故居。在门口逡巡之际，自远处走过来一位老者准备推门而入，赶忙上前打探。

"您住这儿？"

"是啊！"

"请问，这里住的还是荀先生的家人吗？"

"荀慧生是我公公。"

一瞬间，有点偶遇来得太突然的感觉。老人家今年90了，说荀先生是1957年搬到此处，直到去世前一直住在这里。如今院子里住的是荀先生的后人。经同意，我给老人家拍了照，并相约等书出版后给老人送过来。离开之后，突然想到没能向老人家多请教一些荀慧生先生的事情，有点遗憾。

东椿树胡同

东椿树胡同在山西街的东侧，起初叫椿树胡同。据说当年胡同路东有一眼井，井边有两个合抱的椿树。随着这一带人口的增多，胡同的西侧又形成一条南北向的胡同，两条胡同遂以东、西椿树胡同命名。后来两胡同之间又有了东西走向的椿树上头条、二条、三条；随后又有了椿树下头条、二条、三条。20 世纪 90 年代起，这一片开始兴建小区，现如今只剩下一条东椿树胡同了。

早年间，北京的戏园子大多在前门外、大栅栏一带，许多梨园名伶都在椿树胡同这片地界儿安家。与言菊朋、马连良、

高庆奎并称"四大须生"、京剧"余派"老生创始人——余叔岩，
当年就住在椿树上头条。孟小冬、李少春等名家都曾拜其门下
为徒。余叔岩的祖父余三胜，原为"四大徽班"之一——春台
班的领衔主演。余三胜与程长庚、张二奎并称"梨园三鼎甲"。

净行（花脸）宗师，有着"金霸王"之称的著名花脸**金少
山**，曾住在椿树街上二条。金少山之父金秀山本工铜锤花脸，
在同庆班时一直与谭鑫培联合出演。金少山子承父业，因其在
与梅兰芳合唱《霸王别姬》中饰演的项羽，音若洪钟、叱咤风
云，而有了"金霸王"的称号。令人惋惜的是，金少山后来染
上抽鸦片的恶习，英年早逝。

椿树上三条住过的名家有**荀慧生**、"四大须生"之一的**高庆
奎**和"四小名旦"之一的**毛庆来**。

椿树下二条 1 号住的是"四大名旦"之一**尚小云**、这里也曾是尚小云创办的荣春社的旧址所在地。张君秋、尚长荣、马长礼等名家都出自荣春社。

　　如今的椿树街已找不到当年大师们留下的痕迹。东椿树街南口的街心花园立有一处京剧人物的雕塑，似乎在向来往的行人诉说这里曾经的高光时刻。也许历史就是如此，以为永远会在的东西，或许在某个时刻便消失了，再也回不到从前的样子了。

南柳巷

永兴庵和《城南旧事》

北京有不少带"柳"字的地名，如柳荫街、垂杨柳、柳芳、双柳、万柳等，基本都与河道有关。早年间的北京人习惯把柳树栽种在河边。南柳巷在东椿树胡同的东侧，当年也在河边，那条河就是早年金中都东墙外的护城河。

54号院是京剧大师**李少春**在北京的居所。**45号永兴庵**曾是明朝年间的寺院，民国时期这里是北京各类大报小报的发行地，包括《京报》《申报》《导报》《顺天

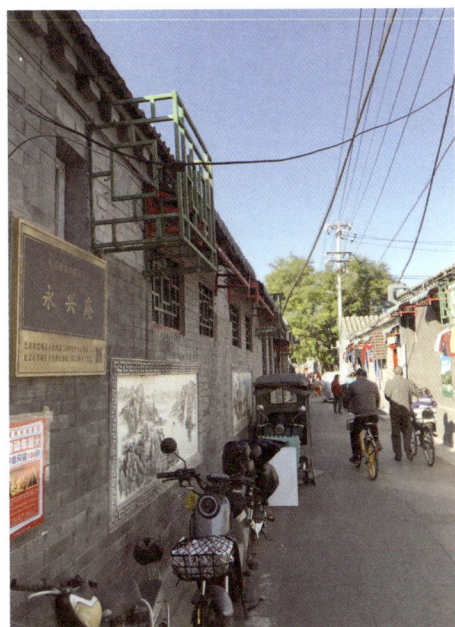

时报》《新闻报》等几十家报社的发行点都聚集在这里和周边的几条胡同里。每天不等天亮，分报的、卖报的、送报的人群便在这里熙熙攘攘、来去匆匆，成为北京城黎明前的一景儿。相声大师侯宝林年少时就是经常出没于永兴庵的报童。如今的永兴庵里空空荡荡，一片腾退进行中的景象。

永兴庵南边不远的 40 号院是福建**晋江会馆**，年幼时的**林海音**随父母由台湾迁居北京。像《城南旧事》中描述的一样，随着父亲的病逝，林海音的幸福童年也画上了句号。1931 年，13 岁的林海音和母亲住进了不需要支付房租的晋江会馆，在这里度过了八九年的时光。

宣南

林海音在《城南旧事》里是这样描写她（英子）的家："是昨天，我跟着妈妈到骡马市的佛照楼去买东西，妈是去买擦脸的鸭蛋粉，我呢，就是爱吃那里的八珍梅。我们从骡马市大街回来，穿过魏染胡同，西草厂，到了椿树胡同的井窝子，井窝子斜对面就是我们住的这条胡同。"虎坊桥在她家的东南，"到了黄昏，虎坊桥大街另是一种样子啦。对街新开了一家洋货店，门口坐满了晚饭后乘凉的大人小孩，正围着一个装了大喇叭的话匣子，放的是'百代公司特请谭鑫培老板唱《洪羊洞》'"。虎坊桥的东南是天桥，"从早上吃完点心起，我就和二妹分站在大门口左右两边的门墩上，等着看'出红差（砍头）'的……犯人还没出顺治门（宣武门）呢，这条大街（骡马市大街）上已经挤满了等着看热闹的人"。

　　1960 年出版的《城南旧事》里，林海音以童年纯朴和真诚的视角，描述了大人们的喜怒哀乐和自己在各种"断离舍"中的成长，以此纪念和凭吊那些远去的日子。如今，电影《城南旧事》和林海音已经成为我们对往昔的记忆和怀念。

　　时间过得真快。

宣南

魏染胡同与南柳巷南北相接连成一线，早年因与护城河为邻，有人在河边的胡同里开了染房。听胡同里的老人说，这染房还不是那种印花布、做蜡染的作坊。那当儿，乡亲们的日子都不富裕，衣服褂子穿的没了色儿还不舍得扔，再拿到染房给上上色，又能穿个三五年。染房的老板姓魏，日子一长，乡亲们就把这条街叫成了魏染胡同。

　　明清之际，这胡同里住过两位诗人：一位是崇祯年间出任国子监祭酒的**吴伟业**，知名度虽不是很高，但他所做《圆圆曲》里那句"冲冠一怒为红颜"，成了现如今人们耳熟能详、信口道来的文艺箴言。值得一提的是，红学界对于《红楼梦》的作者是谁至今都存有争议，其中有一派包括蔡元培在内的学者就认为吴梅村（吴伟业，字梅村）是该书的作者。另一位是康熙年间因写诗偶得圣眷的进士**查慎行**。查老师的后人里有一位现如今家喻户晓、妇孺皆知的作家——查良镛。作家把名字里的"镛"字拆开，作为自己的笔名——金庸。为了纪念先人，金庸小说《鹿鼎记》五十回的回目全部出自查慎行的《敬业堂诗集》。如今已没人知道胡同里哪一处是吴老师和查老师曾经住过的地方了。

宣南

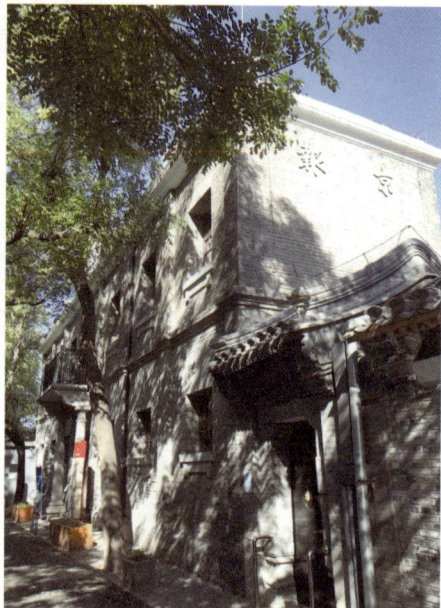

民国时期，宣南以铁鸟胡同、南柳巷、永兴庵和魏染胡同为中心的这一片胡同里，据说聚集着上百家大小报馆以及各类杂志的编辑部和发行点。这片地界儿和《申报》所在的上海望平街，成为当时中国一南一北两个报业中心。当年以揭露社会弊端、吐槽官场黑暗、文风大胆而著称的**林白水**的《社会日报》和**邵飘萍**的《京报》，一度在北京城独领风骚。1925 年 10 月，《京报》馆搬到了魏染胡同 30 号。让人唏嘘的是，半年之后，邵飘萍以"勾结赤俄，宣传赤化"的罪名被张作霖在天桥枪决。几十年后，他被评为烈士。

胡同口的商店里，放着徐克电影《散打》中的主题歌："听见你说，朝阳起又落。晴雨难测，道路是脚步多……"时光荏莓，八九百年前住在这里的人们不会想到，他们的城墙与护城河日后成了报童们穿梭往返的小胡同；曹先生也一定不曾想到，几百年后自己会卷入《红楼梦》创作者的疑云；偶得圣眷的查先生也不会料到晚年又因弟弟的文字狱偶受牵连，落魄而终。晴雨难测，世事无常。

金大侠在《笑傲江湖》里说得好："**天地有情皆白发，人间无意了沧桑**……既然世事难测，就把世事留给想测的人去测吧！"

铁鸟胡同

北京报业的发源地

铁鸟胡同在南柳巷的东侧，早年叫铁老鹳庙胡同。明嘉靖年间，此地建有一座寺庙，与众不同的是，据说这是北京城唯一一座屋顶没有被喜鹊、燕子、麻雀用作露天公厕的寺庙。缘由是大殿顶上安置了两个活动的铁鹳，可随风摆动。据《燕京访古录》载："燕城多鸟，独此槐无鸟敢栖，或畏铁鹳，望影避之。"乾隆时，此处称"铁老观胡同"，内有陕西大荔会馆、湖北襄阳会馆，以及创建于咸丰年间**北京城最早的"聚兴报房"**。铁老鹳庙当年也有"报房胡同"之称。经胡同里的热心邻居指引，找到了当年的铁

老鹳庙——铁鸟胡同 1 号。院子里的一位大姐说，庙在 20 世纪 60 年代拆了，只留下了这棵老树。

中国最早的报纸是两千多年前汉代的**邸报**。那当儿中央下属的行政单位叫郡，各郡"驻京办"所在地称为**邸**。中央向全国派发的报纸通常由各"驻京办"负责传送，因而被称作邸报。邸报除了刊登皇室的动态、圣旨以及朝堂之上的事宜，还登载奏章、任免，赏罚、通报以及地方官吏和外国使者朝觐等内容，属官方"内参"，民间百姓无权阅览。《红楼梦》中，荣国府就是通过邸报得知江南甄家被查抄的消息。

宣
南

早年间的邸报都是手抄发行，崇祯年间开始改用活字印刷。其间，一家贩卖南纸的店铺"荣禄堂"被朝廷指定为独家发行商，发行地就在铁老鹳庙胡同，邸报也从此逐渐开始在坊间流行。

　　道光年间，民间报房获准印制发行内容经朝廷核准的《**京报**》(山寨版的邸报)，因封面为黄色，当时也称作"黄皮京报"。那当儿，铁老鹳庙周围相继开业的"京报房"有十余家。其中以位于铁鸟胡同 8 号的聚兴报房名气最大。当年，康有为、梁启超主编的《中外纪闻》就是由聚兴报房印制发行的。

受铁鸟胡同的影响，周边的魏染胡同、南柳巷也先后成为京城的报纸集散地。

铁鸟胡同的南口对着红线胡同，胡同里的 17 号是与马连良、谭富英、奚啸伯并称"后四大须生"的杨宝森先生的故居。

午后的胡同里，阳光斜照，安详幽静。

四川营胡同

"四川营胡同"一名的由来与一位四川女将军有关。

崇祯二年（1629年）8月，袁崇焕被杀。随后不久，后金的兵马在皇太极的统领下越过山海关，直逼北京城。危难时刻，女将**秦良玉**奉命率军由四川进京勤王，收复滦州、遵化等地，保护了北京城，拯救了大明朝。崇祯皇帝在紫禁城召见了秦良玉，对这位"替夫从军"的巾帼英雄一顿感激嘉奖。当年，秦良玉所带领的兵马在北京的驻扎之处，就在如今的四川营胡同一带，胡同也由此得名。北侧的西草场街，是当年的草料场。

秦良玉本是四川忠州人（今重庆忠县），丈夫马千乘是汉代伏波将军马援的后人，世袭宣慰使（土司）。马千乘去世后，秦良玉接替了宣慰使一职，这也才有了女将军进京勤王和崇祯七年击败张献忠的壮举。秦良玉也因此被加封为忠贞侯、二品诰命夫人，成为**中国历史上唯一被载入正史将相传的女英雄**。后人曾把秦良玉比作明朝的花木兰，在《芝龛记》《蜀锦袍》等剧目中，尚小云、叶盛兰也都扮演过秦良玉的角色。后人为了纪念这位巾帼英雄，在胡同里修建了四川会馆。

据说，秦良玉军中的女兵闲暇时还在军营中纺线织布，自给自足。如今四川营胡同的西侧有一条**棉花巷**，由南向北排列着棉花头条到七条等胡同就是因此得名。

当年众多梨园名家也住在这一带：棉花头条住过张云溪，棉花上二条住过刘雪涛，棉花上四条住过张君秋，棉花五条住过叶盛兰，棉花下六条住过萧长华，棉花七条有铜锤花脸裘盛戎、武老生李少春故

宣南

居，净行宗师金少山故居在棉花八条，棉花九条是著名丑角马富禄故居。如今八条、九条已经没有了。

北京胡同用外地地名命名的除了四川营、山西街，还有崇文的镇江胡同，宣武的陕西巷、汾州胡同等，其中以"苏州"命名的胡同就有七条，如今保留下来的还有东城的苏州胡同和海淀的苏州街。每一条胡同都少不了一段外乡人与北京城的故事。

椿 树 书 苑

椿树街道公共图书馆

〈南 四川营胡同
S SICHUANYING HUTONG

WLH 32

　　前孙公园胡同在魏染胡同的东侧，名字源自明末清初之际，胡同内一座孙姓的豪宅。宅子体量较大，占了大半条胡同，里面亭台水榭应有尽有，被乡亲们称作**孙公园**，也就有了如今的前孙公园、后孙公园胡同。听胡同里的街坊说，这两条胡同之间的兴盛胡同原本是孙公园前后院的穿堂门。前孙公园胡同62号是袁世海先生的故居，如今院子正在装修，院门还没有建好。

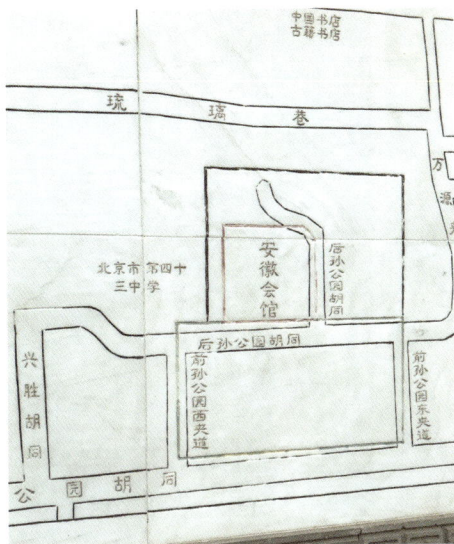

孙公园的主人名叫孙承泽（1592—1676年），号北海、退谷，明崇祯年间的进士，是明末清初著名的收藏大家和书画鉴赏家。虽说祖籍是山东益都（今山东寿光），但孙老师出生于顺天府上林苑（今北京市大兴区采育），且祖上几辈自永乐年间（1403—1424年）就已定居京城，属于正儿八经的老北京。

作为北京人的孙老师对北京最大的贡献，就是其呕心沥血著成的《春明梦余录》《天府广记》两部记述自明朝以来的北京地方史的著作。这两本书也是后人研究北京人文、历史、地理不可或缺的珍贵文献。北京人常说的"先有潭柘寺，后有北京城"，就是出自《天府广记》里的"先有潭柘寺，后有幽州城"一说。其后出版的《日下旧闻》《光绪顺天府志》以及《燕都从考》，也都借鉴了孙老师这两部著作，小可的《胡同儿里的溜达》也常从这些先人们的著作里引经据典。

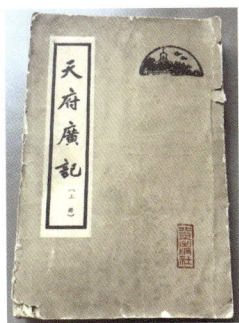

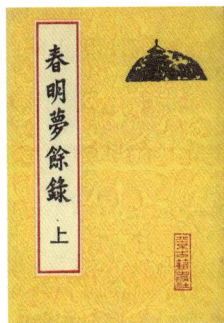

宣南

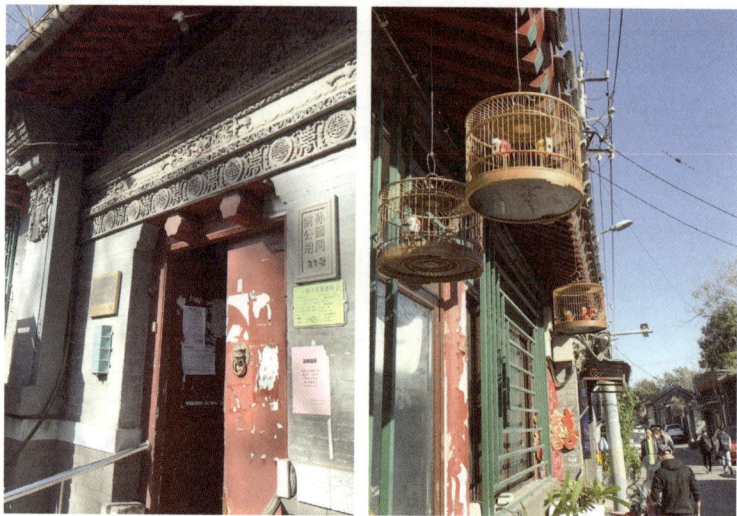

　　当年孙公园内最吸引眼球的建筑当属藏书楼和大戏楼。两层的藏书楼取名"万卷楼"，据说主人收藏的各类古籍善本有七万余册。而那座豪华精致的大戏楼，后被称作京城"四大戏楼"之一，谭鑫培、余叔岩、马连良等各路名角都曾在这里登台表演。康熙二十八年（1689年），《长生殿》的首演就在孙公园内的大戏楼，轰动京城。只是首演的日子没选好，据说正逢皇后的忌日，后被"吃瓜群众"举报，编剧洪昇也因此下了大狱，成为康熙年间的一大冤案。

　　按照坐北朝南的老理儿，园子正门似乎就应该在前孙公园胡同。问了许多胡同里的街坊，已经没有人能说清楚当年这个名动京城的孙公园的正门究竟在哪一处院落了。民国时期，徐悲鸿的美术学校曾设在后孙公园胡同25号，旁边的27号院是同治八年（1869年）李鸿章出资兴建的**安徽会馆**。这两处都是孙公园的一部分，当年那座著名的大戏楼就在安徽会馆中。

顺治十一年（1654年），辞去官职的孙承泽在西山樱桃沟建了一座书舍，名曰"退翁亭"，并给自己和这条山谷取名**退谷**，开始了闭门著书、闲云野鹤的日子。如今，"退谷"依旧是樱桃沟的别称，沟内还保留有一处鹿巖（yán）精舍遗迹。幽静的西山脚下，门前是小溪潺潺，不知这里是否就是孙老师当年的世外桃源。

康熙十五年（1676年），孙承泽病逝于樱桃沟内的退翁亭，终年84岁。感谢这位"老北京"为这座城市留下的宝贵遗产。

向孙老师致敬！

老北京街巷手绘地图

和平门　前门西大街　前门

前门西河沿
佘家胡同
⑤　⑥

南新华街
→广仓胡同
琉璃厂东街
延寿街
煤市街
珠宝市街
前门大街
钱市胡同

②滴火庙胡同
茗蒂胡同　取灯胡同
炭儿胡同
杨梅竹斜街　⑦
二廊房头条
大栅栏（廊房四条）
大栅栏西街
一尺大街
③
水木栅栏西街

樱桃斜街
④铁树斜街
韩家胡同
百顺胡同
胭脂胡同
陕西巷
石头胡同
棕树斜街
施家胡同
煤市街
粮食店街
培英胡同
珠市口

虎坊桥　珠市口西大街

① 老舍茶馆
② 清真寺
③ 观音寺
④ 五道庙
⑤ 正乙祠戏楼
⑥ 魁德社
⑦ 青云阁

琉璃厂和厂甸

琉璃厂街在和平门的南边。1927年，北洋政府在宣武门和正阳门之间的城墙上新开了一座城门，取名**和平门**，同时修建了一条南北向的马路。新建的这条新华街把琉璃厂分为东西两段。

八九百年前，这片地界属于辽南京，金中都的东郊，叫**海王村**，琉璃厂东侧两条大小安澜营胡同。明朝年间，时有外族入侵，释放的战俘被安置在这一带监视居住，称安南营，后改叫**安澜营**。

164

新华街 21 号早年是琉璃厂土地庙。1892 年，辽宁人任庆泰在这里开设了**第一家由国人创办的照相馆——丰泰照相馆**，以拍摄京剧名伶的戏装照闻名京城。现如今，这里是一片施工中的工地。

元大都时期，村子里开设了烧制琉璃瓦的官窑。永乐年间，修建北京城和故宫的时候大兴土木，把当年的窑址扩建并设立了琉璃厂、神木厂、大木厂、黑窑厂、台基厂"**五大厂**"，琉璃厂从此也成了村子的代称。后因环保不达标，琉璃厂被外迁到燕山脚下门头沟的一个山村。如今那地方叫**琉璃渠村**，村里至今还保留着"清工部琉璃窑厂办事公所"的石碑。石碑的东侧有一座建于乾隆年间的过街楼，是如今**北京仅存的几座保存基本完好的明清过街楼之一**。

琉璃厂的文化范儿始于明末清初，随着会馆在宣南的兴起，进京官员、赶考的举子们在这里聚齐，日子久了，这一片就涌现出许多古书旧籍、笔墨纸砚的买卖。再后来，不少古玩字画、珠宝玉器的营生都扎堆儿到这条街上。打这儿起，琉璃厂从灰头土脸的泥瓦行当里华丽转身，成为京城高端大气的文化街。乾隆三十八年（1773 年），乾隆下旨修《四库全书》。一时间，当朝的顶级学者都汇集到京城，全国各地的书商奔走相告，涌入琉璃厂。琉璃厂也迎来了有史以来最高光的时刻。

厂甸的"厂"，说的就是琉璃厂；**"甸"**，古人当郊外讲，搁这儿说的是"空场"的意思。有专家认为，"厂甸"说的就是琉

璃厂东街和南新华街十字路口东北的中国书店一带。早年间，每逢节日，琉璃厂这一带就有集市，那当儿叫"开厂甸儿"。

与南京夫子庙、上海城隍庙、成都青羊宫并称"**中国四大庙会**"的厂甸庙会，自明嘉靖年起到 20 世纪 60 年代持续了 400 多年。那年月，厂甸庙会带着满满的文化范儿，颇受北京城文人雅士的青睐。

民国年间，琉璃厂依旧是文化鸿儒流连忘返的去处。鲁迅在日记中有记，在北京生活的 14 年间，光顾琉璃厂近 500 次，单 1913 年厂甸庙会的十几天内，就去过 7 次之多。张大千、齐白石、徐悲鸿、李可染们的身影也时常出现在这条街上。品茶、听戏、逛琉璃厂，也成了民国文人雅士的消遣标配。厂甸最后

宣南

一次办庙会是在 1963 年。

　　岁月匆匆，距乾隆帝下旨修书一晃快 250 年了，琉璃厂历经风雨、几度沉浮，如今街两侧的门面虽都装点得富丽堂皇，却似乎少了往日的繁华和风韵，街面上多了些落寞和冷清……

正阳门

正阳门，也叫丽正门、前门，北京人还叫它"前门楼子"。天安门广场纪念碑南侧的是正阳门城楼，城楼南侧的是箭楼。

早年，箭楼南侧有一堂六柱五间的牌楼，当时前门大街就叫**五牌楼街**，如今看到的牌楼是前些年复建的。

正统四年（1439年），为加强京城的防御能力，在北京城各城门外又加建了瓮城。

169

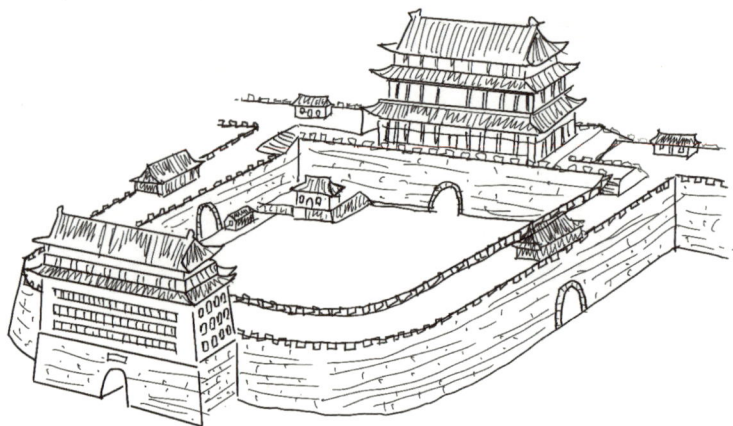

瓮城，也称月城，是由**城楼**、**箭楼**及两侧的城墙围成的小城。瓮城东西两侧建有闸楼，闸楼下开券门，走行人车马。箭楼上辟有箭窗，可向城下开弓放箭。此外，当敌人攻入瓮城时，可将城门和箭楼门关闭，对敌形成"关起门来打狗，堵住笼子捉鸡"之势。现如今保存最完好、规模最大的瓮城是南京明城墙的内城门之一——聚宝门（今中华门）。

明清之际的正阳门是北京城的正门，也是国门。那当儿，外国使臣前来觐见皇帝，都从正阳门进出。北京各城门的瓮城都是在两侧开门，正阳门是唯一在箭楼下开门洞的城门。每逢皇帝去天坛祭祀或是去先农坛耕地，都是从这道城门出入。**1949 年 2 月 3 日**，中国人民解放军也是从正阳门挺进了北京城，宣告北京解放。

早年间，瓮城内都建有寺庙，除德胜门和安定门的瓮城里供奉真武大帝外，余者均供奉关帝。相传正阳门的关帝庙中关羽的塑像原为明朝内廷所供奉，因此这里的香火最盛。北京城当年还流传着"灵签第一推关庙，更去前门庙里求"的说法。1967年，正阳门的关帝庙被拆除。

　　现如今，北京城里的二十座城楼存留下来的只有正阳门的城楼、箭楼和德胜门的箭楼这三处了（永定门是在20世纪60年代拆除后，于2004年复建的）。**正阳门是目前北京仅有的一座城楼、箭楼保存完好的城门。**

老舍茶馆

话说老北京茶馆

老舍茶馆位于前门西大街正阳市场 3 号，其前身是 1979 年开张、闻名全国的**大碗茶青年茶社**。在这条熙来攘往、车水马龙、作为首都地标的大街上，两分钱一碗的大碗茶，曾让无数天南地北的外乡人感受到了北京的温暖。1988 年，老舍茶馆在大碗茶青年茶社的原址上重新开张。

仿旧的环境、老式的家具、细瓷的茶具，爆肚、灌肠、麻豆腐、羊头肉、面茶、驴蹄烧饼等

北京小吃，京剧、相声、杂耍以及近乎失传的北京琴书、含灯大鼓……除了座中的茶客，老舍茶馆似乎重现了当年老北京茶馆的情景。

茶馆在清朝以前叫"茶轩""茶肆"，满人入城后改称"茶馆"。老北京茶馆的兴起与八旗子弟的"转型"密不可分。告别骑马打仗、住进四合院的满人们，拿着月供，收着地租，成了端着铁饭碗的"社会闲散人员"，晒太阳、遛鸟、泡茶馆成为他们朝九晚五的标配，北京城的茶馆业也由此日渐繁荣。

老北京的茶馆主要有大茶馆、清茶馆、书茶馆、棋茶馆和野茶馆之分。

宣南

大茶馆

预备烂肉面诶

大茶馆，除了喝茶也备有酒菜，有的还带说书唱戏的表演，是各类茶馆中最热闹的一种。依营业范围不同，大茶馆也分档次。上档次的称**红炉馆**，茶馆内备有烤制月饼、萨其马等满汉饽饽的"红炉"（烤箱）；次一等的没有红炉，只备艾窝窝、糖排叉、蜜麻花之类的小点心，亦称**窝窝馆**。此外，还有一种亲民的二荤铺，所谓"二荤"是指茶馆提供一两样现炒的荤菜，是为一荤；同时茶客也可自带食材，由后厨代炒，称为"炒来菜儿"，又是一荤。当年二荤铺里的"烂肉面"和"炸丸子"最受乡亲们的喜爱。一度失传的**烂肉面**如今又重现江湖，曾在干面胡同35号的"律姥姥京味面馆"吃过一次，比炸酱面解馋、过瘾，不知现在还在不在。

当年，北京的大茶馆里最有名的是"**八大轩**"，即地安门外的天汇轩，北新桥的天寿轩，前门大街的天全轩、天仁轩、天启轩和阜成门内的天福轩、天德轩、天颐轩。"八大轩"中最著名的要数地安门的天汇轩。地安门路口北侧路东的**天汇大院**就是当年天汇轩的遗存。老舍先生用一个"**老裕泰**"大茶馆把我们带回了那段老北京的日子。

胡同儿里的溜达

清末之际，大茶馆开始衰落，新兴而起的是清茶馆、书茶馆等中小型茶馆。

清茶馆，顾名思义，只卖茶不卖酒，图的是清静。每天清晨五点买卖就开张，第一拨主顾多是起早遛弯儿、遛鸟儿的。人舒展了筋骨，鸟遛完了嗓子，通常就到清茶馆落脚歇息。来一壶香片（茉莉花茶）或毛尖生津止渴，接下来就是家长里短、绯闻轶事、海阔天空、鸟语茶香了。晌午以后，茶馆换成另一拨客人，有保媒的、拉纤儿的（房屋中介）、论买卖的、借债画押的、相面算卦的、倒腾字画的……都在这儿现场办公。

每年依季节不同，清茶馆还会举行一档**"串套"**（赛鸟、斗虫）的节目。比赛之日，京城各路虫鸟玩家和"发烧友"汇聚茶馆，赛鸟斗虫，情趣盎然。玩家和围观群众过足了瘾，店家也赚够了名声，各得其所，其乐融融。据说当年京剧名角儿金少山的"油葫芦"身板硬朗、叫声悦耳，时常在比赛中名列前茅。那当儿，陶然亭北面的窑台茶馆、崇文门外的清山居、和平门外南新华街的天和轩，都是京城有名的清茶馆。

书茶馆就是说书的场子。早年间，识字的乡亲们不多，"三国""水浒""聊斋""济公"等故事都是从说书先生那里听来的，书茶馆就是说书的主要场所。

大多数的书茶馆都是与说书先生签上一个季度或半年的合同，以说"三国""聊斋"等大段的评书为主。一来省得隔三岔五找演员，二来指着这大段评书留住回头客。关键时刻一拍醒木："欲知后事如何，且听下回分解！"勾得听书人明儿个吃完午饭还得奔这儿来。记得上中学时，有一天下午语文课，天儿热大家都犯困，老师讲了一个说书的段子，至今还记忆犹新。老师站在讲台后面，模仿着说书人的样子绘声绘色道："……那小二忽听得楼上吱吱作响，三步并两步慌慌张张奔上楼去，眼前的一幕让小二不由得倒吸了一口凉气，双眼茶呆呆发愣！欲知后事如何，（老师拿黑板擦敲了下桌子）且听下回分解！"大家伙儿困意全无，等着老师的下半句。老师则不紧不慢，模仿着第二天的说书人道："书接上回，那小二上得楼去，不由得倒

吸了一口凉气，双眼茶呆呆发愣，原来——炉子上的水壶开了。"讲台下的同学们哄然一笑。这要是在茶馆，估计得有人掀桌子了。

评书大家连丽如的父亲，有"**净街王**"之称的连阔如先生曾在东安市场的书茶社驻场，说的是全本《隋唐演义》和《东汉演义》。早年，北京城最知名的书茶馆要属地安门外**义溜胡同**（已无存）的同和轩和东华门外的东悦轩，听众都是"票友"级别的，论历史、讲典故全都在行，说书人没有一定的功力都不好意思登这儿的台。

民国前后，北京兴起了一种名为**坤书馆**（也叫**落子馆**）的书茶馆。坤书馆里的演员都是女性，也叫坤角儿。演出形式以莲花落、京韵大鼓、梅花大鼓、八角鼓、梆子以及时令小曲儿等小段为主。

坤书馆是由华北、天津一带传入北京的。虽然今天没法和北京比，但民国时期的天津可一点都不含糊，甚至比北京还要繁华。在天津，坤书馆与妓院联系紧密，坤角儿通常身兼二职。北京的坤书馆大多在天桥一带，虽与妓院无关，但也不乏演唱者扭捏作态与客人打情骂俏的场面。也有女艺人通过在书馆演唱提高技艺，待崭露头角后转入剧场献艺。有人考证，北京最早的坤书馆是位于如今八大胡同之一的石头胡同内的一家名为"四海升平"的茶馆。

如今友谊医院东侧、天桥剧场北边的天桥市场斜街一带，就是当年京城出名的**天桥三角市场**。三角市场不

仅是老北京说唱、杂耍艺人撂地谋生的场所，同时也汇集了德昌茶社、凤鸣茶馆、利群书社等十几家茶馆。其中的"二友轩"据说是当年北京城有名的坤书馆。如今，这一片都建成了住宅小区，空场上的造型雕塑向来往的行人提示着，这里曾是老北京天桥把式们各显身手的场地。

棋茶馆

相较于前几种茶馆，**棋茶馆**由于业务单一，生意略显冷清。棋茶馆的设施通常比较简陋，长条桌上画着棋盘，桌子两边摆的是长条凳，除茶钱外不另收租棋费。这类茶馆以寻常百姓居多，一壶清茶，三五知己，从午后能捉杀到太阳落山。棋茶馆里也有摆擂台叫板的、布残棋设局的，还有不少是连观棋带喝茶歇脚的。早年间，鼓楼烟袋斜街里的"二吉子"茶馆就是老北京著名的棋茶馆。象棋大师谢晓然先生当年就常在天桥的棋茶馆里下棋、教棋。老北京的棋茶馆虽然简陋，却是清贫百姓风雅之好的去处。如今，北京的茶馆遍及大街小巷，但在里面下棋的已经很少见到了。

野茶馆

除此之外，还有一种设在荒郊野外的**野茶馆**。那当儿，城里的乡亲们也好郊个游、吃个农家饭，文人骚客也好到郊外闲情逸致一番。当时，北京城外有几处知名的野茶馆。**朝阳门外麦子店**早年四周是湿地、苇坑，长满芦苇。每逢秋季，苇花飘香，秋高气爽，麦子店野茶馆（今朝阳公园一带）也闻名京城；**安定门外六铺炕**的野茶馆四周都是菜园子，是喝茶采摘的好去处；**西直门外的高梁河**水清澈、草鲜美，垂柳成荫，"白石桥"野茶馆就设在河岸，可以品茶垂钓、喝烧酒、吃活鱼；还有安定门东河沿的"绿柳轩"野茶馆、**德胜门外**的"三岔口"野茶馆……回归自然，不分年代。

现如今，北京人这茶喝得似乎不比从前那么有滋味了，虽说老舍茶馆、天桥乐茶园等着力重现着老北京的风貌，但已不再是寻常百姓可以随意进出的那个茶馆了。

前门西河沿

银行街与戏楼活化石

西河沿的"**河**"说的是内城南墙（前门大街一线）外的护城河。这条胡同就在河的南岸，前门以西，由此落下了"**西河沿**"这个名字。南北走向的煤市街把前门西河沿分成东西两段。胡同中部，如今与南新华街交汇那一带从前是**赶驴市**，进城赶脚、逛庙会，或是驮运个物件啥的，赶驴市提供出租驴的服务，算是那个时候的"货拉拉"。胡同西段，外表陈旧的老建筑亦真亦幻地把人们带回了民国年代，而胡同的东段，传统的老建筑已和现代时尚的办公区融为一体，形成一道穿越感极强的

风景。

自清朝中期后，这条原本清净的胡同随着会馆的涌入变得热闹起来。银号会馆（220 号）、莆仙会馆（192 号）以及渭南会馆、大宛会馆和如泰会馆等七八家相继落户在这条街。

1906 年，随着前门火车站（今天安门广场东南角的铁道博物馆）的启用，客栈、商铺、银行票号也开始出现在胡同里。家底厚实的民国版央行——**交通银行**（9 号）、一度为银行界首富的**盐业银行**（7 号）、**察哈尔兴业银行**（91 号）、由军阀官僚为主要参股人的**金城银行**（29 号）先后坐落在这条街上。1918年 6 月，**中国人自己创办的第一家证券交易所**——中原交易所（196 号）也在这里安家落户。西河沿街也由此成为京城著名的"金融街"。

220 号银号会馆内的**正乙祠戏楼**，如今被称作"**中国戏楼的活化石**"。戏楼对面的 215 号院，是**裘盛戎**先生的故居。戏楼前身是明代的寺庙——正乙祠。康熙六年（1667 年），浙江商人把这里改建成银号会馆。康熙二十七年（1688 年），在会馆里修建了这座二层木结构戏楼。有专家论证，戏楼的做工与故宫的畅音阁（建成于1776 年）和恭王府的大戏楼（建成于 1874 年）不相上下。从乾隆五十五年（1790 年）的徽班进京起，梨园先辈在正乙祠戏楼登台亮相、各领风骚。正乙祠戏楼见证了京剧的诞生，也目睹了这一剧种从繁盛到衰落跌宕起伏的历史。

　　古老的戏楼让人生发出一种"万里长城今犹在，不见当年秦始皇"的感叹，而戏台两侧的那副对联："**演悲欢离合当代岂无前代事；观抑扬褒贬座中常有剧中人**"，似乎也在昭示世人：人生如戏，戏如人生……

宣
南

煤市街

泰丰楼和致美斋

　　煤市街北起前门西大街南至珠市口西大街，街东侧是大栅栏商区，丰泽园在煤市街的南口。明朝年间，胡同里有个煤炭交易市场，打门头沟过来的煤车都奔这儿来，北京人烧火做饭用的煤大多出自这里，煤市街就从那时起得了名。

　　据载，清末之际，这条街上的大小饭馆有二十多家，其中就包括京城著名的"八大楼"中的泰丰楼和致美楼。

　　"八大楼"做的都是鲁菜的营生。鲁菜分济南帮和烟台帮，泰丰楼的掌勺就来自鲁菜厨师之乡——烟台福山县。据说早

年山东人的买卖都称主顾"二爷""三爷"，"大爷"有卖炊饼之嫌，不宜称呼。

泰丰楼在光绪二年（1876年）开张，正店在煤市街1号（已无存）。据说在各种拿手菜里，广受好评的是一道**酸辣鸡丝汤**。泰丰楼的西楼在煤市街33号，现在叫前门客栈。

由于守着大栅栏，与梨园行不远，泰丰楼也成了大师名伶经常光顾的地方。据说当年梅兰芳、尚小云、程砚秋、荀慧生

宣南

185

"四大名旦"每个月在这里要小聚两三次。鲁迅、梁启超等也时常在这里请客会友。解放后的北京市首位市长叶剑英，就曾在泰丰楼宴请京城工商界人士。

20世纪50年代公私合营后不久，泰丰楼关了张。1983年，在宋庆龄的建议下，这个有着140多年历史的老字号在前门西大街2号重新恢复了营业。

煤市街路东70号（已无存）的**致美斋**原是一家姑苏风味的点心铺，始于嘉庆十三年（1808年），买卖做大了，又在路西67号开了一家**致美楼**。67号在煤市街上一个小巷的尽头，如今，破旧的院门无法让人联想到这里曾有宾客盈门的盛况，只有院子里那同样破旧的二层小楼上木制扶梯的游廊，还能隐约看出曾经的痕迹。

对于现在的北京人来说，致美斋的名声是来自文人界的"吃货大师"——**梁实秋**先生那些至美率真的文字：

致美斋分路东路西两个店铺，散座和厨房在路东，雅座在路西，称为致美楼，从路东厨房做好的菜品会由小利巴用提盒送过街去。致美斋的菜式比东兴楼略粗，价格也稍廉……

在外留学时，想吃的家乡菜以爆肚为第一。后来回到北平，东车站一下车，步行到致美斋独自小酌，一口气叫了三个爆肚，油爆，盐爆，汤爆，然后一个清油饼一碗烩两鸡丝……时隔五十余年又不能忘……

芝麻酱拌海参丝加蒜泥，冰得凉凉的，在夏天比什么冷荤都强。

到了快过年的时候，致美斋特制萝卜丝饼和火腿月饼，与众不同，主要的是用以馈赠长年主顾，人情味十足。

早年的"八大楼"如今只有东兴楼、泰丰楼和致美楼还在。致美楼（前门店）就在泰丰楼的东侧。梁先生最喜欢的**煎馄饨**现如今在北京已经找不见了。各色老北京爆肚店里卖的都是汤（水）爆肚儿、盐爆肚，梁先生说的**油爆肚**也吃不到了。

好多个老吃食、老手艺，走着走着就没了。

杨梅竹斜街在煤市街的西侧，传说这一带早年有猪圈，"梅竹"是母猪的雅化，还有说因乾隆年间有个十里八村出了名的杨姓媒婆住在这街上，就被叫作了杨媒斜街。

北京内城的斜街大多与河道有关，但前门外有不少斜街不然。至元二十二年（1285 年），元大都主体竣工，忽必烈下诏把金中都内的乡亲们陆续迁进都城。一时间，北京城内有一南一北两座城池并存，乡亲们把新建的元大都叫新城，金中都故城称作旧城。起初，新城内的生活设施还

没整利落，乡亲们逛街购物啥的还是习惯去旧城，前门外这片地界儿正在新城、旧城之间的"城乡接合部"。日子长了，应了鲁迅先生那句话："世上本没有路，走的人多了，便也成了路。"就这样，新旧两城之间走出了几条斜街，其中就有杨梅竹斜街。

北边是前门大街，西边是大栅栏，东边是琉璃厂，南边一街之隔就是八大胡同，似乎杨梅竹这条斜街想低调都不行。

街东口东升平宾馆的前身是建于1907年、**北京近代史上的第一家澡堂**——东升平浴堂。

25号院是乾隆的御用书法家、大学士**梁诗正的故居**。据说启功先生的书法受梁老师的影响颇深。院子已成了破旧的大杂院，从自建房上垂下来的"爬墙虎"给院子增添了几分盎然的生机。

61号院是**沈从文**在北京先后五个住所中的一处。1922年，20岁的沈从文从湘西来到北京，开始了一个穷书生的"北漂"岁月。61号院早年是**酉西会馆**，湘西在酉水之西，会馆因此而得名。

民国年间，这里是北京城的"书局一条街"。当年知名的世界书局（75号）、中正书局（98号）、中华印书局等七家出版商就落户在这条胡同里。当年的老建筑里，只有75号的世界书局保存得还算完整。胡同东口31号那家打眼的模范书局，是在民国时的一家报社的旧址上改建的，到此怀旧的游客不少。

青云阁的正门在观音寺街（今大栅栏西街）33号，后门开在杨梅竹斜街。这也是迄今为止北京保存最好的**轿子楼**。集餐饮、购物、娱乐于一身的青云阁，当年是北京最有名的"四大 Shopping Mall"之一。"小肠陈""爆肚冯"等老字号，"玉壶春""普珍园"等京城知名的茶馆、饭馆都把买卖开在这里，梅兰芳、马连良等大师都曾在这里登台。据说**北京城的第一张台球桌**，就是摆放在这里。

那当儿，青云阁是达官贵人以及各界名流雅士的出没地。康有为、梁启超、谭嗣同、胡适、鲁迅、梁实秋等"大咖"时常来这里品茗会友、消遣娱乐。鲁迅的日记里有三十多次造访青云阁的记录，屡次提到"玉壶春"的**虾仁面**。据说当年蔡锷和小凤仙也时常在此小酌，相传"普珍园"的拿手菜——**辣子凤节**，深得小凤仙的喜爱。青云阁成为北京城名噪一时的集消遣与风雅于一身的休闲购物场所。

如今，许多文艺范儿的创意小店也在胡同里落户，民国的儒雅风流和现代的"网红"文艺，就这样在这里静静地相遇了：

老北京兔爷（19号）：坚守着的老北京手艺。

彩瓷坊（35号）：第一家开在街上的小店。

Soloist coffee co（39号）：重金属风格的咖啡馆，对面就是青云阁。在二楼的露台碰巧遇到了一位蒙古族美女，亲耳听到了蒙古人把"水井"读作"**忽洞**"，间接印证了"胡同"一词来自蒙语"水井"的传说。另外，在篇首提到的那几条"走的人多了，便也成了路"的斜街，听这位美女说，在她的家乡通常把这种类似放牧时自然形成的路有一个专用的词汇表达，读作"**助日格**"。不同的地域产生不同的文化，这也许就是传说中的"人文地理"吧！一如在英文字典里难以找到诸如**焦熘**丸子、**软炸**虾仁、**火爆腰花**、**锅包**肉等中式经典烹饪技法的表述。

安济斋咖啡书吧（66—70号）所在地是万历年间京城知名的安济堂王回回狗皮膏药店的旧址，据说如今的书吧主人正是"王回回"的后人。

胡同中段 97 号是 BEIJING POSTCSRDS（北京明信片），店里全是各种老北京时期的老地图和照片，满满的北京元素。

99 号曾是一家名叫 Meeting Someone 的"网红"西餐厅，如今在装修，不知会换成什么名字。

在街西口 125 号的杂货铺里买到了 1977 版的溥仪的《我的前半生》。

也有像 Twelve Moon、TACITURNL 等文艺得让人有些丈二和尚摸不着头脑的门面。还有临街缝制皮具的师傅和在胡同里来回穿梭穿着婚纱或汉服拍照的情侣、美女。

夕阳西下，走在这条民国与现代混搭的胡同里，仿佛有一种穿越时空的感觉。

不知在 Meeting Someone 门口会不会与什么人邂逅，不知前面渐行渐远的朦朦胧胧中，有没有鲁迅、沈从文们的身影……

一尺大街

北京的胡同之最

一尺大街说是大街，其实是条胡同。实际上就是今天杨梅竹斜街的西端与琉璃厂东街相连的一段 25 米长柏油马路，曾经是北京最短的胡同。早年间，胡同南北各有三家店面，胡同路北是刻字行，路南是酒铺、铁匠铺和理发店。胡同虽短，却是一条名副其实的商业街。1965 年，一尺大街并入杨梅竹斜街。

和"最短的胡同"一尺大街一样，北京还有许多各种样式不一的"胡同之最"：

最长的胡同：东交民巷。东交民巷长度近 1.6 公里，如果算上西交民巷，全长有 3 公里。东交民巷也是**北京最早的使馆街**。

最宽的胡同：灵境胡同。如今习惯上把宽度 32 米的灵境胡同称作"北京最宽的胡同"。实际上，20 世纪 90 年代拓宽后的东四十条胡同已与平安大街等宽，远远超过了灵境胡同，只是今天不再称"胡同"，被冠以"大街"的称呼。

最窄的胡同：钱市胡同。钱市胡同在大栅栏珠宝街西侧，全长 55 米，最宽的地方只有 0.7 米，最窄的地方只有 0.4 米。钱市胡同也是**中国现存最早的金融交易所**。

最老的胡同：三庙街。

最早出现在文献里的胡同：砖塔胡同。

最长的斜街：赵登禹路、太平桥大街、佟麟阁路一线。

弯最多的胡同：九道湾胡同。北新桥的九道湾胡同是一条由"九道湾东南西北中巷"交错街接，呈"回"字形的胡同。虽然名叫九道湾，实际上大弯加起来共有 19 处。还有一处是珠市口西大街南侧的九湾胡同，胡同里拐了 13 个弯。

宣南

195

唯一有古牌楼遗存的胡同：成贤街（国子监）。现如今，明清年间存留下来的牌楼在北京据说还有60余个，其中就包括国子监街里的这四堂牌楼。

老戏楼最多的胡同：廊房四条（今大栅栏商业街）。当年，广德楼、广和园、三庆园、庆乐园、同乐园等五大戏楼都开在这条胡同里。

水井最多的胡同：铁门胡同。据《燕都丛考》载："胡同内约有井七十二眼，虽室中，往往亦有井眼……"

名人故居最多的胡同：史家胡同。

老北京最早（元大都）的商业街：烟袋斜街。

民国时期的"书局一条街"：杨梅竹斜街。

老北京的"小吃一条街"：门框胡同。

老北京的"银号一条街"：施家胡同。

老北京的"旅馆一条街"：粮食店街。

…………

除此之外还有：

东堂子胡同（49号）：中国第一个国家外交事务专门机构——总理各国事务衙门。

小江胡同（36号）：北京最古老戏楼——阳平戏楼，

是附属于始建于明代的（山西）阳平会馆的戏楼，如今"刘老根大舞台"在此驻演。

　　长巷五条（7号）：**中国第一家会馆——芜湖会馆。**

　　翠花胡同（43号）：**中国第一家个体户饭馆**——悦宾饭馆。

　　还有，老舍心中**北平最美的街**——文津街。

　　…………

延寿街
最后的天桥艺人

延寿街因街北口早年有座延寿寺而得名。街的东西两侧与十多条胡同相接，当年也是一条喧嚣热闹的街道。**延寿寺**的旧址在今天延寿街与佘家胡同交汇处的佘家胡同1号院。

延寿街的西侧就是琉璃厂。实际上，这一带的不少胡同都是为琉璃厂提供后勤和生活保障的下属单位。**炭儿胡同**是为窑厂烧炭、存炭的地方，**茶（柴）儿胡同**就是存放木柴的仓库。**东北园、东南园**胡同一片当年是给琉璃厂供菜的菜园子。东南园胡同49

号院相传是**赛金花**（1870—1936 年）的寓所。**富连成**最初的社址就是在西南园的一所三合院。

大耳胡同是民国初年的《大亚洲报》《新京报》的创刊地，荀慧生、马连良、尚小云等都曾在胡同内居住过。"武生泰斗"杨小楼的故居在笤帚胡同 39 号。延寿街内也曾建有（江苏）吴县、（广西）平乐、（浙江）安吉以及山西等多家会馆。

延寿街 5 号是一处破旧的临街房，这里就是**北京城最小的剧场**——百年老号"魁德社"。70 多岁的老爷子于小章如今是魁德社的老板兼唯一的演员，也是最后一位老北京的天桥艺人。于老爷子的祖父于德魁是著名的大鼓弦师，民国曲艺十老之一，

宣南

199

也是魁德社的创办人，人称"于八爷"。其父于少章被称为"单弦圣手"，曾为周璇伴过奏。魁德社传到于小章这儿，已有百年左右的光景了。

十几平的小屋，卧室兼剧场，一次只能容纳五六个观众，真格的零距离接触。余老爷子给剧场设计的广告语是："最浓的京腔京韵，最老的京城文化，最小的开心剧场，最绝的说演弹唱。"墙上挂着三弦，牛骨做成的"哈拉巴"（据老爷子说当年朱元璋要饭时用的家伙什就是这个）和几副快板。依旧按老规矩在门口立着戏单水牌：宫廷八角鼓、"南七北六"哈啦吧、传

统快板和小段花唱绕口令。岁数大了，精气神儿不及从前，唱不了大段，老爷子通常就表演三个节目，一场演出十来分钟。观众听的不是曲儿，是那段渐行渐远的日子。

"春至河开，绿柳时来，梨花放蕊，桃杏花儿开……"一段名叫《春景》的三弦瞬间把人们带回了百年前天桥的"园子"，这或许是老北京天桥艺人最后的绝唱了……

培英胡同

老北京的马神庙

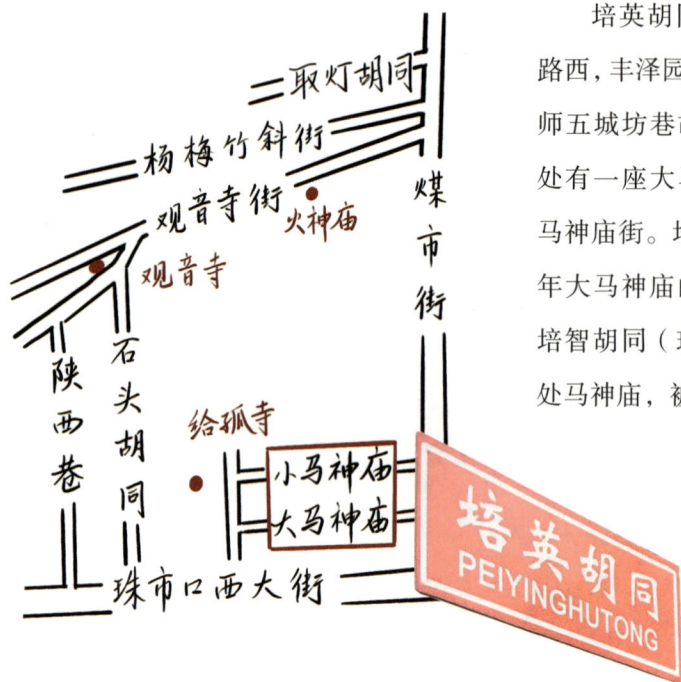

二取灯胡同

杨梅竹斜街

观音寺街　火神庙

观音寺

煤市街

陕西巷

石头胡同

给孤寺

小马神庙
大马神庙

珠市口西大街

培英胡同
PEIYINGHUTONG

　　培英胡同位于煤市街的南端路西，丰泽园的后身儿。据明《京师五城坊巷胡同集》载，早年此处有一座大马神庙，因而被称作马神庙街。培英胡同 20 号就是当年大马神庙的旧址，北侧不远的培智胡同（现已无存）里的另一处马神庙，被称作小马神庙。

　　明清时期，朝廷每年向各地征收马匹，京城也不例外。此外，马匹也是百姓日常交通、贩运不可或缺的工具。北京城里有不少养马、贩马的营生，马神庙也营运而生。据史料载，明清时期北京城有马神庙十余处，现如今**仅存的一座马神庙**位于昌平居庸关，明弘治十七年（1504 年）所建。如今北京城唯一保留"马神庙"称呼的街道是航天桥西北角的马神庙 1 号院（核工业部二所）。

　　据载，**北京最早的马神庙**叫白马神寺，建于隋仁寿年间（601—604 年），位于原宣武区南横西街路南。马王爷是个狠角色，全名叫"水草马明王"，传说长有三只眼，对世间万事洞察秋毫，深得乡亲们的信任。每逢**农历六月二十三日**，大家伙都会带上清水、草料到马王庙给王爷庆生，祈求水草丰满、马

匹百病不侵。据说早年每到这一
日，车把式也哄抬行情，趁马王
爷过生日多讨些赏钱。每年大年
初四这天，牛羊肉铺掌柜也要到
马神庙烧香祷告。

北京城内与马神庙有关的地方还有**太仆寺**、御马监。太仆
寺是早年间朝廷重要的职能部门，掌牧马之政令，属兵部。如
今，灵境胡同南边还有一条太仆寺街，当年的太仆寺就设在此
处。**御马监**则"掌御马及诸进贡并典牧所关收马骡之事"，是专
为皇家料理马匹的单位。据考，明朝的御马监在今沙滩北街 2
号院一带，而**皇家御用的马神庙**在其西侧的沙滩后街（原来也
叫马神庙街）59 号。光绪年间，59 号变为北京大学的前身——
京师大学堂。

培英胡同 20 号
的大马神庙旧址，
也是"京剧泰斗"
王瑶卿的故居。王
瑶卿生于清光绪七
年（1881 年），幼
年先后从师武旦、
青衣；15 岁时随班
到颐和园演出，得
到慈禧的赏赐，被
戏曲界誉为"**通天
教主**"。梅、尚、
程、荀"四大名旦"

及李世芳、毛世来、张君秋、宋德珠"四小名旦"都曾在他门下拜师学艺。毛世来当年就住在培英胡同北边的小马神庙街（培智胡同）。

　　如今，马神庙已从我们身边消失。那段骑马打仗、人扛马拉的历史，也早已随风远逝。曾几何时，大到人类历史、小到日常生活，马曾经和我们息息相关。直到今天，我们出行的道路还叫马路，评判一个现代交通工具给不给力还用马力。我们耳熟能详、言简意赅的表达还用：马到成功、汗马之劳、信马由缰、一马当先、悬崖勒马、老马识途……

宣南

观音寺街现在叫大栅栏西街，也是一条走出来的斜街。观音寺街的西口与樱桃斜街的东口相接，樱桃斜街东口4号是一座明朝年间建的护国观音寺，观音寺街因此而得名。

宣统元年（1908年），观音寺街50号有一家茶庄开张。老板是张姓安徽人，引"一元复始，万象更新"给茶庄取名"一元"。1925年，"**张一元**"在福建福州建了茶厂，赶上福州这地界儿盛

产茉莉花（如今依旧是福州的市花），打这儿起有了北京人钟爱上口的茉莉花茶。据说当年，裘盛戎、马连良等大师只认"张一元"这一口儿。说到这儿，想起前两天一发小儿去"张一元"买茶，因为打小儿就认准了这茉莉花茶是咱北京产的茶，听店员说茶是福建产的，把人家小姑娘一顿训："甭管是不是福建产的，我就告诉你'张一元'是北京的。"北京人，就这么"大度"！如今，50号如今是一家卖卤煮的店铺，从老照片看，门面的格局与从前的样子变化不大。

此外，卖糕点的"**稻香村**""桂香村"，修钟表的"**亨德利**"在北京的第一家店铺，都开在了这条观音寺街上。从这里开始，这些老号财源广进、声名远扬。

11号的东升平宾馆原来是平升园浴池，据说曾是地下党接头的地方。

13—17号早年是大烟馆，后来是"亨德利"钟表店。

33号是青云阁的正门，当年其西侧就是"稻香村"。

37号是京城"八大居"之一**福兴居**的旧址。门楼上还能看到"福兴居"的石匾，二层的青砖楼尚能让人联想起当年生意兴隆的场面。

　　70 号是曾经的"观音寺"茶室。那当儿，茶馆是喝茶聊天的地方，叫"茶室"的实际上是二等妓院。

　　1945 年，国民党的"中国广播电台"也设在这条街里，1949 年被取缔。

　　如今的观音寺街虽没了往日的风貌，但节假日里也是人头攒动。街两侧一家挨一家全是冠以"老北京"名头的店铺，只是大大小小加一块儿，没有几家生意是北京人开的买卖。街两侧的朱茅胡同、抬头巷等胡同听说也在准备腾退中。胡同里的北京人就这样一拨一拨地奔五环外举头望明月去了……

粮食店街（上）

剪不断、理还乱的"六必居"和"二锅头"

煤市街和前门大街之间有一条南北的胡同，以廊房四条（大栅栏街）为界，北边叫珠宝市街，南边叫粮食店街。早年，北京城有几处主要的粮食集市，分别在今天地安门的白米斜街、崇文的米市大街和前门外的这条粮食店街。北京城的物质文化遗产"**六必居**"和"**二锅头**"就出自这条街上。

北京人吃咸菜就认"六必居"和"天源"。前者重口味，酱料用的是黄酱；后者偏甜，用的是甜面酱。粮食店街3号就是"六必居"的诞生地，相传牌匾上"六必居"三字出自严嵩之手。

如今，"六必居"各种商品的包装上都注明："六必居创建于明嘉靖九年（1530年）"，但实际上有关它的身世，至今还没有明确统一的说法，名字的来源也众说纷纭，主要有两个版本：一是北京有句老话："**开门七件事，柴米油盐酱醋茶。**"这七样都是生活必需品。实际上，那当儿茶对寻常百姓略显奢侈，不是家家都能必备的。买茶叶通常也都是去茶叶店，由此，这家兼卖油、盐、酱、醋的酱菜店给自己取了个亲民的名字——"六必居"。二是"六必居"店里至今保留着刻在一块老木板上的据说是腌制酱菜的"**六必店训**"，即"**黍稻必齐、曲蘖必实、湛炽必洁、陶瓷必良、火候必得、水泉必香**"，"六必居"得名于此。而"六必居"三字是否出自严嵩之手，目前尚有存疑，一是牌匾上没有落款，二是严嵩留下的手迹不多，据说当年找遍琉璃厂只有一位姓邱的老板见过严嵩寥寥数笔的真迹，没人能只凭三个字就敢拍胸脯打保票说这是严嵩的手笔。

宣南

　　书分两段。距"六必居"南边百十米的40号门面是"**源升号**"二锅头博物馆，咱北京人喝的第一口"二锅头"就是从这烧出来的。相传康熙十九年（1680年），制酒多年的"源升号"的掌柜自主研发出了一种掐头去尾取中间的蒸馏方法，咱北京人最爱的"二锅头"就在这一年出锅了。因为刚烈纯正不上头，"二锅头"迅速打开了市场，鼎盛时期与"王致和""同仁堂""松竹斋（荣宝斋）"并称"**京城四大商号**"。说起来，到如今也有342年了。

　　1965年，历史学家**邓拓**在对"六必居"早年的账本、房契等档案考据后惊奇地发现，"六必居"三字第一次在账本上出现并不是在明朝嘉靖年间，而是在乾隆六年（1741年）。而此之前"六必居"的账本、房契上用得都是"源升号"的名字。说

胡同儿里的溜达

到这儿，您再看看那个"六必店训"，又是**"稻""曲"**，又是
"火候"的，有没有觉着那"六必"不像是腌咸菜的秘诀，更
像是酿酒的嗑儿？

由此，有专家推断，"六必居"并不是始创于传说中的明嘉
靖九年（1530年），其前身或许就是制酒的作坊"源升号"，在
乾隆年间才又分出同是酿造手艺的酱菜作坊"六必居"。这一推
断也否认了明朝人严嵩为"六必居"题字的假设。

谁先谁后已经不再重要，北京人知道这条街就是咱祖祖辈
辈吃着、喝着的"六必居"和"二锅头"的诞生地就齐了。

粮食店街（下）

旅馆和中和戏院

"旅馆"这俩字出现在清末。

清朝末年，随着南来北往的外来人员大量涌入北京，不少会馆已然变成大杂院，不再有留宿的功能，旅馆的买卖在北京城悄然兴起。据光绪年间的《朝市丛载》载，那当儿北京城的旅馆有101家，其中前门一带就有75家。1906年，随着前门火车站的建成，前门周边旅馆的需求量大增，其中以前门西河沿、粮食店街及珠市口一带分布的旅馆居多。粮食店街当年就

是"**旅馆一条街**"，如今街上还有两处遗迹可见。粮食店街南口路西 73 号那座民国风格的二层青砖楼是当年知名的粮食店街第十旅馆，门楣上"通新客栈"四字还清晰可见。院子里的天井、木头的楼梯和回廊还留有当年的气息。街中段的 13 号是粮食店街第一旅馆，如今叫粮禾木宾馆。

许多旅馆是在一些旧址上改建而成，粮食店街第十旅馆的前身是当年威震京城的会友镖局；施家胡同第一旅馆的前身是三义镖局；北边的蔡家胡同第一旅馆早年是家妓院；掌扇（张善人）胡同第一旅馆的前身是家银号。

粮食店街 5 号是民国年间与长安大戏院、吉祥戏院、广和剧场并称"**京城四大剧场**"的中和戏院。**中和戏院**的前身是建于清朝年间的戏园子"中和园"。光绪三十二年（1906 年），谭

宣南

鑫培、王瑶卿、王长林三位名角儿在中和戏院上演的《打渔杀家》珠联璧合、满台生辉，被后人称为世间的绝唱。

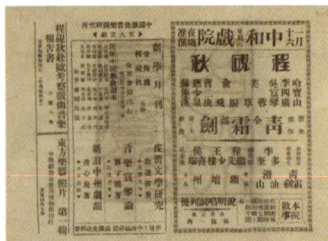

1931 年的那一天，中和戏院经历了让中国人蒙羞的历史瞬间。**9 月 18 日**，张学良的东北军在中和戏院筹措了为辽北水灾募捐的义演，演出的是梅兰芳的经典剧目《宇宙锋》。演出途中，二楼包间里的张学良接到了日本人进攻东北军北大营的报告。少帅中途匆忙离场，并下达了"不抵抗"的命令。尽管发布这一命令背后的原因诸多，但无论如何从这一刻起，张学良已成为他在日后接受采访时对自己的评价中所说的"中华民族的罪人"。

1998 年，"德云社"的前身"北京相声大会"在中和戏院成立。

胡同儿里的溜达

门框胡同

消失了的老北京小吃街

门框胡同在北京变得家喻户晓，似乎是最近这些年的事。满大街的"**门框胡同卤煮**"，让这条胡同蹭着卤煮的味道成了"网红"。实际上，自清末至民国年间，门框胡同比现在还要红，那当儿胡同里实打实都是老北京原汁原味的小吃。

起初这条胡同没有名字，据说光绪年间几家商户在胡同里用石板搭了个过街楼，楼上供了财神庙。过街楼形似门框，胡同由此得名。论起来，如今这也是**北京城内唯一一座过街楼**了。

门框胡同北起廊房头条，南至廊房四条（大栅栏街）。早年，门框胡同的北口对着廊房头条的劝业场，出南口就是大栅栏。广德楼、广和楼、中和戏院、三庆园和同乐轩五大戏园子和大观园电影院就在大栅栏里，八大胡同离这也就是步行五六分钟的路程。逛街的、消遣的、散了夜场的人们，时常来这里小酌、消夜。陆陆续续地，二十来家老北京小吃汇集在这条胡同里。文献里有记载的小吃有康熙年间的刘家老铺"**复顺斋**"，专卖酱牛肉，比"月盛斋"早了百十来年。此外，"**年糕王**"、"**豌豆宛**"、"**豆腐脑白**"、"**老豆腐康**"、"**爆肚冯**"、"**奶酪魏**"、"**炒火烧沙**"、"**同益轩**"羊肉馆、"**瑞宾楼**"褡裢火烧、"**德兴斋**"烧羊肉杂碎汤、"**俊王爷**"烧饼等都在这里落了户。据"爆肚冯"的后人说，当年裴盛戎、荀慧生、金少山、程砚秋等名角儿，也是这条街里的常客。门框胡同在那段日子里，成了北京城最聚人气的小吃街。

胡同儿里的溜达

眼下享誉京城的"**门框胡同百年卤煮**"如今就在胡同北段。有趣的是，当年留下的文字资料里提到的门框胡同老字号中并没有"门框卤煮"这一号，胡同中段再现门框胡同当年街景的街头壁画和文字中，也没有见到"卤煮"的影子。听住在附近的老人说，从前不曾听说过有"门框卤煮"这一说法。"百年门框卤煮"似乎有空穴来风之嫌。

　　在胡同北口的"百年老六"卤煮店点了煎灌肠、麻豆腐和卤煮，店面是老板自家的私房，他家是胡同里第一家卤煮买卖。有没有百年不知道，不过卤煮的口味地道，小肠卤得香味十足、入口不腻。老板说，小肠是提前用独门手艺卤制过的。灌肠煎得焦脆、不粘牙，麻豆腐用素油羊油混搭，比以往吃过的口感细腻，确实和北城的味道不一样。

新中国成立后，胡同里这些个老字号也都散了伙。直到1985年，"爆肚冯"又在门框胡同北口的廊房二条里重新开业。刘家老铺搬到了粮食店街，但也物是人非了。"老豆腐康"和"炒火烧沙"等已经失了传。如今，门框胡同里经营卤煮、羊杂、褡裢火烧的铺子大多是操着口音的外乡人。过街楼上的财神庙换成了火神庙，那条纯正地道的老北京小吃街已经没有了……

原本门框胡同北口开在廊房头条，南口在廊房四条，如今北边的小半条胡同已经拆除，其中就包括1930—1933年间张恨水曾住过的**门框胡同12号**。就是在这段日子里，张恨水完成了被称作"鸳鸯蝴蝶派经典之作"的《啼笑因缘》。卤煮店的老板还清晰地记得12号院，说他的发小儿"老猫"就住在那个院子，但张恨水的事儿没听人提起过。听他说，门框胡同也正在腾退中。

门框胡同百年卤煮——这胡同和卤煮不知道是谁蹭了谁热度。

"**廊房**"二字在字典里的解释是"厅堂周围的房舍"。

永乐十九年（1421年），朱棣迁都北京。定都之初，朝廷下旨在城门四周兴建了大量商住两用房，为的是聚拢人气、招商引资，顺带收租征税。查慎行在《人海记》中提道："永乐初，北京四门钟鼓楼等处各盖铺房，召商居货，谓之廊房……今正阳门外**廊房胡同**，尤以此名。"当年，前门外由北向南搭建了四排廊房，这四条胡同日后成为京城最繁华的商业街。

廊房头条里最打眼的就是建于光绪

三十一年（1905 年）当时被称为"**京城商业第一楼**"的**劝业场**，也是北京城第一个集购物、餐饮、娱乐于一身的"Shopping Mall"，与王府井的东安市场、菜市口的首善第一楼和观音寺街的青云阁并称为"**京城四大商场**"。全盛时期，除了餐饮购物外，还有杂耍、唱戏、说相声的，楼顶还修设了前卫的空中花园和露天影院，在北京城鹤立鸡群、引领时尚。新中国成立后，劝业场改为**新新服装店**和**新新宾馆**。如今，重新翻建的劝业场取名"劝业场文化艺术中心"，金碧辉煌之中显得有些寂寞、高冷。

除了劝业场，廊房头条也是北京当年最有名的黄金街，街中的"大同""天宝""三阳""福源"等几家大买卖据说垄断了

北京城的黄金市场，比如今的"菜百"①生意火爆。如今，"三阳号"的铺面还在，但已经不再做黄金生意，是观光客们的拍照打卡处。

"八大祥"里的**谦祥益**从前在廊房头条 11 号，1955 年公私合营时，老店由廊房头条搬迁到珠宝市街的北口（5 号），独具特色的老门脸儿已被认定为不可移动的文物。写本文一个月前

---

① 菜百：北京菜市口百货商场的简称，是有着几十年历史的老品牌了。对北京人来讲，"菜百黄金"就是黄金品质保证的代名词。

宣
南

来这里时，还是被铁皮墙罩住的工地，眼下门面装修一新，开业在即。当年名极一时"八大祥"，如今只剩下谦祥益和廊房四条里的**瑞蚨祥**、**祥义号**了。"八大祥"中建造格局与瑞蚨祥相近的**丽丰祥**原本在西四南大街21号，曾改名为"西四呢绒绸布店"，在修建地铁4号线的时候被拆了。

廊房头条早年还有"**灯街**"之称。据《旧京琐记》载："灯市旧集于东、西四牌楼，后始移廊房头条。"当年，胡同里汇集了二十多家灯笼铺，每逢正月十五的大栅栏灯会，这一片就成了五光十色的不夜城。

廊房二条当年被叫作**玉器大街**，据说生意最兴隆的时候，胡同里有包括"聚源楼""聚全斋""宝全号"这些大买卖在内的 90 多家玉器珠宝的营生。胡同的北侧现已拆除，只有"爆肚冯"形单影孤地为这昔日风光无限、如今却只剩下一半的胡同，独撑着门面。

廊房四条（上）

大栅栏的身世

"大栅栏"三字拆开了念，读作"dà zhà lan"，搁在一起，北京人读作"dà shí lànr"。有专家推测，因"栅"字是个多音字，除了念"zhà"，还念"shān"，北京人说话连吞字外带儿化音，把"dà shān lan"念成了上口的"大石烂儿"。

如果问大栅栏在哪，估计您会不假思索地条件反射道："前门哪！"我要是

再问您一句："前门哪儿啊？"您是不是有种话到嘴边欲说还休的感觉？

实际上，如今说的"大栅栏"是泛指前门大街西边的一片商业区，大致东起前门大街，西至煤市街，北起廊房头条，南至珠市口西大街这一带。但在民国之前北京人说的"大栅栏"专指一条胡同，这条胡同当年叫**廊房四条**，如今叫**大栅栏商业街**。

明弘治年间（1488—1505 年），北京城实行宵禁，许多路口、胡同口都设置了木栅栏。廊房四条里买卖多，商户们集资修了个大号的栅栏，天长日久，乡亲们就把这条胡同叫成了"大栅栏"。还有的胡同里弄了两个栅栏，后来就叫"双栅栏胡同"。"大栅栏"这名字啥时候成为官称无从考证，但在清《乾隆京城全图》上，已经指名道姓地把这条胡同称作"大栅栏"了。

宣南

　　据孙承泽的《春明梦余录》载，明末清初之际，廊房四条及周边的胡同里已是商贾云集之地，1900 年在义和团点燃的一场大火中，大栅栏化为灰烬。如今，大栅栏商业街里那些中西结合、带着民国范儿的建筑，都是那场大火之后重建的。

　　那时候，大栅栏一带排布着大卖场、小商店、酒楼、饭馆、会馆、钱庄、戏楼、茶馆、镖局、旅馆、澡堂、烟馆、青楼等近千家买卖。前门楼子两侧是京奉、京汉火车站，走的是东来西去的车，来的是天南地北的客。前门的繁华、大栅栏的辉煌鼎盛定格在了那一刻。

廊房四条（下）

大栅栏的老字号

　　说起早年间的时尚，北京流行着一句顺口溜："**头顶马聚源，脚踩内联升，身穿八大祥，腰缠四大恒。**"这是当年北京人最时尚的四样行头，前三样都在廊房四条，"四大恒"说的是那当儿北京城四家最大的钱庄，在东四。

　　嘉庆二十二年（1817年），河北邢台人**马聚源**开了家帽子店，后因缝制朝廷官员们戴的缨帽而出名。土豪乡绅也都来此私人定制。那年月，头戴一顶"马聚源"比如今穿一身阿玛尼还有面儿。"马聚源"也由一家街边小店华丽转身为"**京城帽业第一家**"，率先

成为"前门500强企业"。1958年，"马聚源"自鲜鱼口搬到马路对面的廊房四条（如今大栅栏商业街8号）。

"内联升"鞋店（34号）创立于咸丰三年（1853年），以制作朝靴而出名。据说，宣统登基时穿的朝靴就出自这里。除了真材实料、做工讲究，"内联升"的"大招儿"是一本被称作《履中备载》的独家秘籍。来此买鞋的王公贵族的鞋码尺寸、性情喜好、家庭住址、生辰八字等"大数据"，都一一记录在这本"秘籍"中，不仅可以为老主顾提供零接触的量身定制，更是为那些准备送礼、行贿的客人行了方便。客人只需说出对方的名字，几天之后，"内联升"的伙计就会把尺寸样式都合心意的鞋，带着精致讲究的包装送到买家府上。买卖做到这份上，没啥说的了。

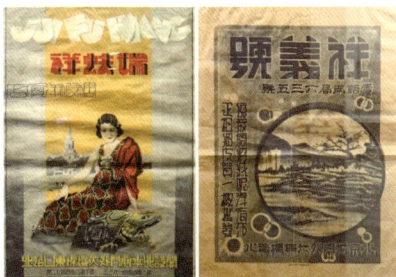

同治元年（1862 年），
瑞蚨祥诞生于山东济南，
创始人姓孟，据说是孟子
的后人。"瑞蚨祥"三字
就透着学问，"瑞"中带
"祥"，"蚨"是传说中一
种会招财的飞虫。光绪二十九年（1893 年），瑞蚨祥在大栅栏开
业。"至诚至上，货真价实，言不二价，童叟无欺"的牌匾至今
还挂在瑞蚨祥的店面，这低调、朴实、有内涵的一字一句，也是
其日后成为"八大祥"之首的由来和根基。开国大典上的五星红
旗，就出自瑞蚨祥。现如今的大栅栏街里，像瑞蚨祥一样，老址、
老门面的老号只有这一家了。当年，瑞蚨祥的孟老板据说就住在
大栅栏东边不远的长巷三条 11 号。

同为"八大祥"之一的"**祥义号**"在瑞蚨祥开业的三年之后，也落户在这条胡同里。相传，因大太监小德张在其中占有股份，祥义号承办了慈禧太后的寿服、宫内自用的宫服和戏服以及大臣的朝服等大活儿，京城的达官显贵也都汇聚到此定做服装，走的是高端路线。

北京城第一家电影院——大观楼在 36 号，老板就是开设了**第一家由国人创办的照相馆——丰泰照相馆的任庆泰**。1905 年，由任庆泰摄影、谭鑫培主演的《**定军山**》的首映式在大观楼上映，这是**第一部由中国人自己拍摄的电影**，是中国电影史上的里程碑。

比老字号的买卖更招人的，是廊房四条的戏楼。当年的北京城，广德楼、广和楼、三庆园、庆乐园、同乐轩、庆和园、中和戏院并称为"**京城七大戏园**"，其中的五个都开在这条胡同里。如今德云社的驻演场——胡同西口的前门小剧场，就是当年的**广德楼**，瑞蚨祥（分号）的地界儿原是**庆和园**，街中段门框胡同南口路西早年是**同乐轩**，如今是一家服装店。东来顺饭庄的前身是**庆乐园**。18 号是当年四大徽班之首的三**庆班**驻演的场子三庆园。谭鑫培、余叔岩、程长庚、王瑶卿等梨园前辈及后来的梅兰芳、马连良等"四大名旦""四大须生"在这里"你

胡同儿里的溜达

方唱罢、我登场"，廊房四条一时形同中国的百老汇，群星汇翠，好戏连台。而这些殿堂级的梨园大师，也在这里上演了一出名副其实的"群英会"。

那当儿的廊房四条给北京人带来了欢乐和喜庆。

20世纪50年代后，"同仁堂""张一元""六必居""步瀛斋""狗不理""王麻子""张小泉"等老字号陆续汇聚在大栅栏商业街。如今，这里成为北京旅游的打卡胜地，只是很少有人再提起这里曾经叫"廊房四条"。曾经的繁华和风光无限现在只能在老字号留下的名字里回味了。2021年，北京最后一家"狗不理"包子店在大栅栏商业街关了张。

现如今，每逢节假日，前门、大栅栏里依旧是人山人海，车马川流。但在北京人眼里，这叫"喧嚣"，不叫"热闹"。

这嗑儿唠的，八大胡同不是风花雪月之地吗，难道和咱的国粹有染？您猜对了，八大胡同的缘起与风尘女子无关，而给胡同里带来"风月"的正是乾隆年间进京的徽班。

自乾隆五十五年（1790年）为乾隆帝庆贺八十大寿起，以唱"二黄（簧）"和"昆腔"为主的**徽班**陆续进京。历经嘉庆、道光年间与来自湖北的以唱"西皮调"和"二黄（簧）"为主的**汉调**融合，又吸收了**昆曲、秦腔**等一些民间曲调，最终形成了"皮黄戏"（京调），就是如今的国粹——**京剧**。光

绪二年（1876 年），"京剧"的二字首次出现在《申报》的版面上。

在这一过程中，"三庆""四喜""春台""和春"四家贡献突出，名声显赫，被称作**四大徽班**。其中三庆班的**程长庚**、四喜班**张二奎**、春台班的**余三胜**人称**"老生三杰"**，这些第一代京剧大师也被视为**京剧的创始人**。

四大徽班进京后，先后在前门外落了脚，"三庆"落在**韩家胡同**，"四喜"在**陕西巷**，"春台"在**百顺胡同**，"和春"住在**铁拐李斜街**。前三条胡同就是日后"八大胡同"中的三条。许多教戏师傅的寓所堂号也都集中在八大胡同里，如朱霭云的"云和堂"（梅兰芳曾在此学艺）、程长庚的"四箴堂"、谭鑫培的"英秀堂"。另外，当年的各路名角大多也住在八大胡同一带。

康熙年间，朝廷立了规矩，当朝官员严禁出入风月场所，内城也不得设立戏院、青楼等娱乐场所。一些达官贵人不敢抗旨，就跑到八大胡同的戏班找"相公"（也叫"像姑"）厮混，一来二去，徽班所在的这些胡同就成了声色犬马之所。到了民国，妓

院成了依法纳税的正当营生，不少风月场所顺势就在这片地界儿挂牌营业，这才有了坊间的"八大胡同"之说。

实际上，当年这一带的花柳巷也远不止这八条胡同，只是由于这八条胡同里的场子档次较高，成了行业代言。1949 年 11 月 21 日，政府查封妓院。一夜之间，包括八大胡同在内的京城两百多家妓院从此销声匿迹。再后来，"八大胡同"日渐成为人们茶余饭后的闲篇儿，很少有人再提起它们曾见证、经历了那段京剧由鱼龙混杂的徽班化茧成蝶变作国粹的风雨沧桑和艰辛历程了。

陕西巷在珠市口西大街的北侧，据说明初之际这条胡同里有许多陕西籍木材商人的库房，后来就叫成了"陕西巷"。民国年间，这里曾被称作"八大胡同之首"，如今胡同里还可以看到不少二层的青砖小楼，都是当年头等妓院——**清吟小班**的遗迹。

民国时期，按照不同的税收标准把风月场划分为四个等级：一等的叫**清吟小班**，大多设在四合院或是小洋楼之中。这一等的从业者属才貌双全型，卖艺不卖身，与客人琴棋书画、吟诗作对。客人以名流绅士、文人墨客居多，传说中的"**青楼**"指的就是这儿。

二等的叫**茶室**，也属环境优雅、有文化的高规格，略逊于清吟小班，不同的是，可以接客。三等的叫**下处**，四等的叫**小下处**。除此之外，还有被称作**暗门子**的暗娼，如同电影《骆驼祥子》中的小福子那种。

陕西巷里当年以清吟小班居多，52号的二层小楼就是小凤仙（1900—1954年）当年所在的小班——**云吉班**，蔡锷与她就是在此相识。透过门洞可以看到天井后面的楼梯，二层小楼的主体基本还是老建筑，木头的楼梯看上去很有民国的味道。蔡锷去世时，小凤仙送上了自己书写的挽联："不幸周郎竟短命，早知李靖是英雄。"您听出来了吗？她把自己和蔡锷比作周瑜和小乔一般恩爱，像李靖与红拂女那样情长。清吟小班真不是白来的。

云吉班北边不远处的 22 号**上林仙馆**，是八大胡同里不多见的保存完好的老建筑。这座明清风格的小楼，前后两进院落，院子中间带有天井，雕梁画栋的楼梯、游廊尽显当年的奢华。相传，小凤仙和赛金花都曾在这里挂过牌。前些年，上林仙馆的门口一度还挂着"小凤仙文化馆"的招牌，要买票参观。不过也有胡同里的老人说，这里从前是个大烟馆，与二位"侠女"无关。

陕西巷中段的东侧有条榆树巷，尽头的 1 号院据说是**赛金花**当年所在的小班——怡香院。这座年久失修的二层砖楼，如今是某单位的职工宿舍。

乾隆年间，四大徽班之一的四喜班就落户在陕西巷。另有记载，当年被称为"八仙"之一的青衣张紫仙、武旦朱桂芳，以《林冲夜奔》《武松打虎》出名的侯永奎，老辈的京剧剧作家卢胜奎等十多位艺人，都曾住在这条胡同里。

陕西巷的南口，珠市口西大街路北175 号的**"德寿堂"**药店建于1934 年，当年以自主研发的康氏牛黄解毒丸享誉京城。这座中西结合、古色古香的建筑也是目前**北京唯一一家保持原址原貌的老药店**。

宣南

　　小凤仙和赛金花有没有在上林仙馆挂牌已不重要，这里就是那段浮华烟云、红尘往事的历史见证。

　　秋日的午后，又听到了熟悉的胡同里的鸽哨声。

陕西巷（下）

不一样的蔡锷和小凤仙

提到小凤仙，说点旁的。

关于青楼女子小凤仙最让人关注的，似乎是她与蔡锷那段高山流水遇知音、美人救英雄的爱情故事。20世纪80年代，以这段故事为背景，在当年两人时常小酌的观音寺街33号青云阁原址取景拍摄的电影《知音》，感动了不止一代人。

但随着近些年一些史料的曝光，故事情节似乎有了逆天的反转。也似乎再一次告诉我们，历史有时远没有传说中的那么美好。

首先，据说蔡锷并没有真正受到袁世凯的软禁。13岁中秀才、20岁考入东京陆军士官学校的蔡锷，属于典型的文能治国、武可安邦的学霸型人才。辛亥革命之后，在孙中山与袁世凯争夺总统的较量中，蔡锷旗帜鲜明地站在后者的一边。1913年，袁世凯因赏识蔡锷的才智与忠诚，招其进京并加封"昭威将军"，委以重任。后期，在恢复帝制一事上，蔡锷与袁世凯的想法相异，不再被重用。蔡锷此后往返八大胡同也并非真正沉溺女色，更多的是为消除袁世凯对自己的疑心。

其次，从留存下来的照片上看，青楼女子小凤仙长相平平，看不出倾国倾城的痕迹。虽说当年青楼女子都识文断字，有些才艺，但据说小凤仙个性过强，时常与客人不欢而散。因而有人认为时年33岁的蔡锷与十四五岁的小凤仙没有代沟已属不易，

胡同儿里的溜达

找到心灵深处的共鸣、倾诉衷肠、畅谈护国讨袁的大志，似乎不大可能。

至于小凤仙协助蔡锷逃离北京一说，也被认为经不起推敲。在京期间，蔡锷曾多次往返天津与老师梁启超会面，往来自由。而1915年离开北京经天津赴日本再回到云南，也是蔡锷喉部染疾，获袁世凯批准去日本养病。关于此事，当年的政府公报也有所记载。

此外还有人认为，从情理上来说，若是此二人确如故事中生死相恋、至死不渝的话，以蔡锷仗义豪情的性格，如果已决意回到云南后护国倒袁，为了不牵连小凤仙，也一定会对掩护自己脱身的这位侠义女子有所安排和交代。但据说在后来的日子里，蔡锷没有在任何文字留言里提及过小凤仙的名字。而小凤仙也在此后重操旧业，八大胡同陕西巷里的云台班也因为这段故事变得生意盈门。

如此种种，因而有人质疑那段"高山流水遇知音，美人救英雄"的故事，或许就是当年的狗仔和媒体甚至不排除小凤仙本人在内的一种炒作。

谁知道呢！斯人已逝，那些如烟的往事已消散在历史的风尘中，不会再清晰地复原重现。而这本身就是历史真实存在的样子。

韩家胡同在陕西巷西侧，也叫韩家潭，因大清朝的第十四位状元、内阁大学士韩元少在此住过而得名。当年，这位韩状元与纳兰性德、蒲松龄等文艺青年私交甚好。《聊斋志异》里还有一段以韩状元为原型的"元少先生"与阎王爷的故事。

三庆班是历史上**第一个进京的徽班**，也是京剧史上存在时间最长的徽班。京剧的历史源头应该就是从乾隆年间的三庆班进京算起的。初到北京时，三庆班就安身在韩家胡同。

乾隆五十五年（1790 年），三庆班进京为乾隆庆祝八十大寿，并迅速在京城走红，站稳了脚跟。这才有了各大徽班的陆续进京。同治年间，在**程长庚**的领导下，三庆班进入鼎盛时期，其旗下的"小荣椿科班"也是京剧历史上**最早的科班**。杨月楼、谭鑫培、汪桂芬等大家都是出身三庆班。晚清时期的画家挑选了清同治、光绪年间在京城享有盛名的十三位梨园名伶，绘制了一幅《**同光名伶十三绝**》，画中多一半都是三庆班的角儿。在京剧形成、发展和传承的历史过程中，有三庆班浓墨重彩的一笔。

宣南

韩家胡同 25 号是康熙初年的文学家、戏剧评论家**李渔**的宅院——芥子园。李老师是个货真价实的文艺青年，除了编剧本、写小说，据说对种植、园林设计到文玩、美食都有研究。有专家认为，他的《闲情偶寄》是中国美学史上的里程碑之作。他倡导编印的《**芥子园画册**》也被视为国画临摹技法的经典范本。当年，那位热爱绘画 20 岁的小木匠齐白石，正是在偶然看到《芥子园画册》的那一刻，激发并开启了自己的绘画大师之路。如今的 25 号院已变成一所小学。

　　民国年间，韩家胡同也是清吟小班的聚集地。21 号院的庆元春据说是最有名气的清吟小班之一。"庆元春"三字出自光绪

年间的书法家李忠豫之手，颐和园里的"佛香阁"三字据说也是他的手笔。

　　与韩家胡同西口相接的堂子街，当年是"相公堂子"[①]的聚集地。

　　三庆班、芥子园成为韩家胡同一段永久的记忆。

宣
南

<hr />

① 　相公堂子：旧时男妓寓所的俗称。

铁树斜街

梅兰芳和谭鑫培故居

铁树斜街与韩家胡同的西口与相接，相传清朝年间，街上有一家李姓的卖铁锅的铺子，街道就以**李铁锅斜街**命名，后被乡亲们顺嘴叫成李铁拐斜街，1965 年改名为铁树斜街。

铁树斜街的南侧就是八大胡同，这条街也是**民居、商铺和八大胡同的分界线**。早年间的铁树斜街也是一条集会馆、寺庙、酒楼饭庄、浴室茶馆于一身繁华热闹的街道。

铁树斜街 93 号院是一家民间创办的免费参观的**非遗博物馆**，除了"非遗"展示，每年立春与小年期间，会请来周围的老

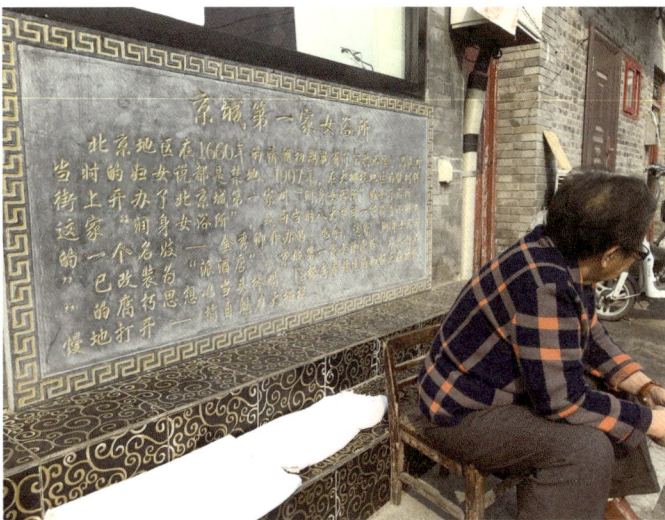

艺人，举行胡同庙会。其间，不仅有吹糖人儿、粘棉花糖、写"福"字、画兔爷、剪窗花等"老玩意"，还会邀请内联升、瑞蚨祥、张一元的师傅现场演示。给这家在胡同深处的四合院里传承老北京文化的博物馆点赞！

当年，铁树斜街里有广东肇庆会馆、延定会馆、山西襄陵会馆；此外，远东饭店、三义客栈、留香大饭店以及同和轩、同益轩等清真饭庄也都在这条街上。如今，只有街西口的**远东饭店**还在。55 号曾是**北京城第一家女子浴所**——润身女浴所，据说是当时八大胡同清吟小班里一名金姓女子于光绪三十三年（1907 年）年所开，除了胡同里的姐妹，公馆里的太太小姐们也来光顾，连洗浴带出售化妆品，生意做得十分兴隆。如今，这里改成一家旅店。

宣南

铁树斜街 101 号是**梅兰芳的祖居**。梅兰芳的祖父、"同光十三绝"之一的梅巧玲，梅兰芳的伯父、**"胡琴圣手"**梅雨田都居住在此。光绪二十年（1894 年）农历九月十四，梅兰芳就出生在这个院子的东厢房里。梅先生一生在北京先后有多处居所，其中**无量大人胡同（今红星胡同）24 号**是其众多故居中最有纪念意义的一处。这一时期正值梅兰芳艺术成就的高光时刻，他和齐如山、杨小楼出演的经典之作《霸王别姬》就是在这段时间上演的。美国前总统威尔逊的夫人、泰戈尔都曾是这里的客人。他的缀玉轩也时常汇聚着京城各界的大师、名流，成为京城一处顶级的艺术沙龙。1961 年 8 月，梅兰芳在护国寺 9 号病故。

与铁树斜街相接的**大外廊营 1 号**，是京剧史上第一个老生流派——"谭派"的创始人**谭鑫培**（1847—1917 年）的故居。

胡同儿里的溜达

谭先生当年的艺名叫"小叫天"，红遍大江南北。那当儿，北京城内的一品大员年薪是白银一百五十两，谭先生一出戏的收入就是五十两。当年，有位京剧演员张英杰给自己取了个励志的艺名"盖叫天"，奋发努力，最终获得了梨园界"江南活武松"的称号。

1917 年 5 月 10 日，谭鑫培病逝于大外郎营 1 号寓所，享年 71 岁，葬于**戒台寺**栗园庄墓地。谭先生的后人从谭小培、谭富英、谭元寿（《沙家浜》里郭建光的扮演者）、谭孝曾，直到如今北京京剧院主演谭派老生谭正岩，已是谭门第七代嫡传了。谭家称得上是**梨园界的"百年老店"**。

铁树斜街 59 号是老北京继电器厂旧址，如今是**中国邮政未来邮局**。在这儿，您可以给 10 年以后的亲朋好友写信、留言，也可以和 10 年后的自己或家人做个期待中的约定。

走了大半个北京城的胡同，在谭鑫培故居的东墙上，难得地见到了两处保留尚好的**拴马桩**。

樱桃斜街

南城的龙脉

　　樱桃斜街在铁树斜街的南边，樱桃斜街的东口有座护国观音寺，与其相接的观音街（大栅栏西街）就是因此寺得名。65号是1936年成立的北平梨园公会，杨小楼、梅兰芳、余叔岩等被推选为该公会理事。那年月，组团邀角演出、贫苦艺人生养死葬及其他公益事项，通常都是由梨园公会办理。11号早年是贵州（老）会馆，后改为西单饭店，相传蔡锷与小凤仙时常在此出入。

　　樱桃斜街的西口是五条胡同的交汇处，分别是樱桃斜街、铁树斜街、五道街、堂

子街和韩家胡同。路口的北侧有座正在翻新的寺庙——**五道庙**。五道庙建于明代，庙里供奉的神祇名叫五道神，在道教中是主持阴间事务的主神，相当于阎王。每逢七月十五中元节、十月初一寒衣节等，百姓都会到庙里焚纸、烧香、祭奠逝去的亡灵。至今，门头沟的爨底下村还保留着一座五道庙。

北京人都知道，北京城里有两条**龙脉**：一条是**土脉**，另一条是**水脉**；土脉就是纵穿紫禁城太和殿而过的北京城中轴线，水脉就积水潭和前、后、北、中南海这一脉形态宛如蛟龙水中摆尾的水龙。但或许有人不知道，其实北京南城也有一条"龙

胡同儿里的溜达

脉"。这条龙脉的头就是这几条斜街交汇处的五道庙，龙脉的尾就在樱桃斜街东口的观音寺。

龙脉的来由有两种说法：一种是从地形和走势上说。以五道庙为首，观音寺街为尾的这片街区构成了一条"卧龙"的姿态。另一种说法是这条"卧龙"形态的街区正好从史上的金中都、元大都、明北京城三座都城（龙庭）穿城而过，因而被认作是一条龙脉。当年朝廷也默认了民间的说法，明万历年间，兵部尚书王象乾为五道庙写的碑文中提道："正阳门西，由臧家桥（五道庙西侧）至宣武门，乃龙脉交通车马辐辏之地……"

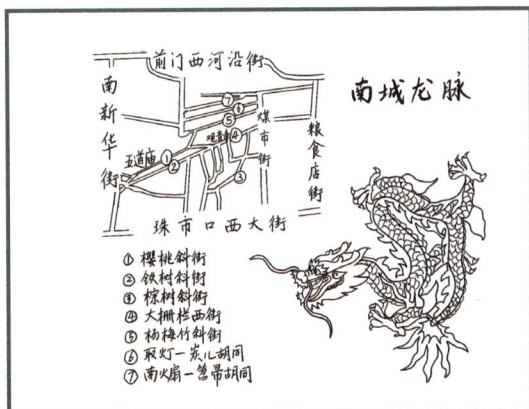

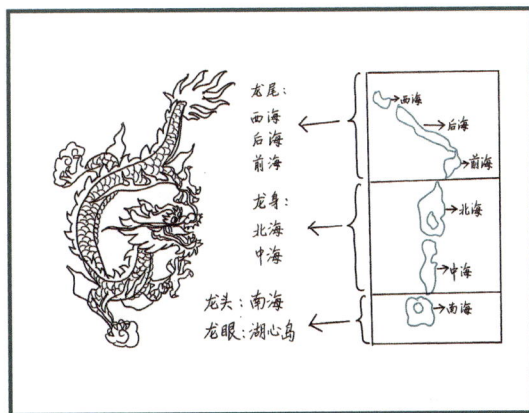

不过，从这条龙脉周边的胡同名字来看，诸如铁锅（铁树）、樱桃、母猪（梅竹）、取灯、炭儿、茶儿、笤帚、火扇、羊尾（扬威）、猪毛（朱茅）、煤市、粮食等，这条龙脉更像是**咱老百姓自己的龙脉**，保佑着乡亲们衣食住行、油盐酱醋的人间烟火。

宣南

255

"人不辞路，虎不辞山，唱戏离不开百顺韩家潭"

百顺胡同在韩家胡同的南侧。当年，胡同里有山西修建的晋太会馆、太平试馆。

百顺胡同在八大胡同中是名气较大的一个，据说当年胡同里有潇湘馆、群芳院，怡红院、兰香班等十几家清吟小班。

53 号和 51 号分别是怡红院和潇湘馆的旧址，如今已看不出当年的模样。

49 号的欧式二层小楼是"鑫凤院"茶室，从楼体上精致的老装饰不难看出，这里曾是个高端上档次的消费场所。这座二层楼房内部以"回"字形相接，如今主体虽还是当年的砖木结构，但历经沧桑以然早已失去了往

日的色彩。楼上楼下满是搭接的管道和电线，唯有二楼被风蚀的雕花扶栏让人联想起李后主那句"小楼昨夜又东风"。

除了青楼、茶室，百顺胡同也是梨园界知名的胡同。

55号院是**"青衣泰斗"**陈德霖的故居，"四大名旦"及他们的师傅、与谭鑫培并称**"京剧二妙"**的王瑶卿，都曾在其门下授业。

40号是武生名角、"四大徽班"之一春台班的主持俞菊笙的故居，也是春台班的驻地。被称作"武生宗师"的杨小楼就是俞菊笙的弟子。1917年，俞菊笙之子俞振庭在此创办了京剧科班"斌庆社"，京剧大师李万春当年就是"斌庆三春"之一。

三庆班堂主程长庚的故居四箴堂在 34 号，也是三庆班后来的班址。38 号是武生大师迟月亭的故居。1900 年，梅兰芳在搬离铁树斜街后，也曾在百顺胡同东段住过一段时间，具体哪一处院子已经无从知晓了。

胡同西口那座四周嵌着京剧雕像的院子，据说如今是北京京剧院的职工宿舍。

胡同里的这些徽班、名角儿让坊间有了**"人不辞路，虎不辞山，唱戏离不开百顺韩家潭"**之说。胡同东口的那处命名为"梨源"的塑像也在向人们诉说，国粹京剧正是从这些胡同走上了中国历史的舞台。

石头胡同

八大胡同的后勤街和
大北照相馆

据说明朝年间修城墙的时候，这里是堆放石料的场地，石头胡同由此得名。

乾隆年间，胡同里曾有望江（安徽安庆）、孟县（山西阳泉）、严陵（四川内江）、福建龙岩等多处会馆。民国时期，胡同里除了有一二十家二等茶室，还有不少饭铺、烟馆、书茶馆、澡堂子、理发店、西药房、照相馆、典当铺等五行八作的买卖，属于为八大胡同服务的后勤基地。京城著名的素菜馆"**功德林**"当年也在这条街上。

胡同北口的三层小楼，是京城赫赫有名的**大北照相馆**的前身。1922 年，大北照相馆在石头胡同开业。据说当年大北照相馆率先斥巨资从国外购进了可以旋转 180° 的照相机，由此脱颖而出、与众不同，据说还包揽了民国政府各大场合的拍照任务，成为业内的明星企业。1958 年，大北照相馆迁至前门大街 2 号。

83 号在民国之前叫天和玉客栈。光绪十六年（1890 年）前后，刘派京韵大鼓的创始人刘宝全（1869—1942 年）曾在这里住过一段时间。民国时期，客栈改成"公记号"大烟馆。砖雕的门楼还保存完好，"天和玉"的牌号清晰可见。

61号三进的四合院是**余三胜**的故居。余三胜本是湖北汉调的老生，徽班进京后与徽班搭班演出，后成为春台班的领班。据说现如今京剧中湖北普通话和北京话混搭的念白，就是打余三胜这儿开始的。

不远处的39号是与余三胜并称"老生三杰"的**张二奎**的故居。张老师创作的流派被后人称作"京派"或"奎派"。

石头胡同的北口与棕树斜街交汇，棕树斜街也属八大胡同之一，早年叫**王寡妇斜街**。相传当年胡同里有个王姓寡妇经营的妓院颇有名气，因而得名。新中国成立后，曾改叫王广福斜街。棕树斜街里的**鸿记一品香澡堂**当年在南城也是"网红"的买卖，不少名人雅士、京剧名家经常光顾。

2021 年，北京的第一场雪比往年来得早一些，探出屋顶的一树柿子，给胡同里的冬天带来了一丝暖意。

胭脂胡同

传说中的「苏三起解」

八大胡同的档次等级依青楼、妓院的等级不同，有高低之分。陕西巷，韩家、百顺和胭脂胡同里一等的清吟小班居多；石头胡同以二等的茶室为主；棕树斜街、朱毛胡同、小力胡同则多是三、四等的下处和小下处。

胭脂胡同中段与东西走向的西壁营、东壁营胡同相交。早年间，这两条胡同里住着不少皮条客，也被称作西皮条营、东皮条营胡同。

八大胡同的主业也带动了周边大烟馆、饭铺、

胭脂店等副业。胭脂胡同就因胡同里聚集了多家卖胭脂水粉的店铺而得名。当然，比胭脂水粉店更出名的是胡同里的十几家清吟小班。

前文说了，清吟小班就是传说中的青楼，后来的小说、电视里把青楼与妓院混为一谈，实际上是给清楼刷了色（shǎi）。清吟小班的女子类似日本的艺伎，卖艺不卖身。上岗之前，有的从六七岁就开始接受笙管丝弦、诗书礼仪的培训。除了琴棋书画、水墨丹青，还能与客人谈天说地、吟诗作对。因而清吟小班通常只接待上层达官贵人、文人雅士，人傻钱多的土豪自己都不好意思奔那儿去。民国时期的知名文人也曾去清吟小班休闲风雅。当年的清吟小班多设在三进、四进的四合院，有的直接就是二层的小洋楼。

胭脂胡同 12 号是当年知名的清吟
小班——莳花馆，早年间叫苏家大院。
苏三原名周玉洁，明朝年间广平府（邯
郸）人（一说是山西大同人）。年幼时父母双亡，被人拐卖到
北京这家苏姓老板开设的妓院，改名**苏三**，玉堂春是她的花名。
相传《**玉堂春**》的故事就始于胭脂胡同 12 号的苏家大院。

苏三与赶考的书生亦是同乡的王景龙一见钟情、海誓山盟，
但老鸨见钱眼开，把她卖给了山西商人为姜。商人原配欲用毒
酒害死苏三，不料被商人误食而亡。原配行贿官府将苏三诬陷
入狱，屈打成招。王景龙金榜题名后官拜山西巡按（监察御史），
明察暗访，为苏三沉冤昭雪，二人终得团圆。

胭脂胡同的南段在珠市口西大街扩建的时候被拆除了，12号院已化作大街的一部分，但那段"苏三离了洪洞县，将身来到大街前……"已早成为让乡亲们恒久耐听、经典流传的国粹唱段。

银号和钱庄是一回事，依地域的不同，在江浙一带叫钱庄，到了北京叫银号，属银行的前身。

早年间，北京的金融行业有钱铺、票号、银号（钱庄）之分。**钱铺**据说在明朝就有了，是乡亲们把银子和铜钱相互兑换的场所。票号和银号出现在康熙年，**票号**只做汇票和现钱的兑换，也叫汇兑庄，赚的是异地汇款取款的手续费。除了汇兑，**银号**也做存款放贷生意。还记得前文说的"身穿八大祥，腰缠**四大恒**"吗？恒兴、恒和、恒利、恒源就是嘉庆年间宁波人在东四牌楼开办的北京城有名的"四大银号"。

　　前门大栅栏这片繁华的商业区自然也少不了银号这一行。施家胡同就是民国年间北京最有名的**"银号一条街"**。前面提到的前门西河沿街那个正乙祠戏楼，其前身就是康熙年间浙江人办的银号会馆。

　　当时，胡同里聚集了二十几家银号，规模较大的有9号的"同元祥"、10号的"谦生"、11号的"裕兴中"、15号的"福生"、17号的"启明"、21号的"三聚源"，等等。其中，裕兴中是个三层小楼，也是整条胡同最大的银号，如今是一家叫合德缘的旅馆。17号的启明是个大院子，是20世纪50年代施家胡同召开居民大会的场所，被乡亲们亲切地叫作"社会主义大院"。

　　和如今金融街里那些豪横的建筑一样，施家胡同是当年北京城**最早的柏油路胡同之一**，胡同里也都是讲究的四合院和欧式、日式小洋楼。出来进去的上班族都是穿旗袍、罩马褂的"白领"。来这儿办事的也都是"头顶马聚源，脚踩内联升"的贵客。据说由此催生了胡同里的一门买卖：三五成群脖梗子后面插着鸡毛掸子的穷人游走在胡同里，见了人力车便一路连跑带推，临下车时边给客人掸土边吆喝声"谢老爷赏"，一天下来也能挣出个饭钱。

　　1949 年以后，昔日的银号换成了旅馆和民居。50 多年后，在"银号街"不远处，前门楼子的西北方向，又聚集了几十家大大小小的"银号"，那地方现在叫"金融街"。

钱市胡同
北京最窄的胡同

钱市胡同在百度地图上搜不到了，就是您到大栅栏里转悠，如果不紧着打听兴许也不一定能找见。胡同太窄了。

如今的钱市胡同是一条死胡同，东口在珠宝市街，胡同口的牌子是**珠宝市街 37 号**。胡同的平均宽度只有七八十公分，最窄的地方只有四十公分，体型不匀称的够呛能过得去。这是北京最窄的胡同。

钱市胡同因清末年间胡同里

的"**钱市**"得名，钱市就是那当儿银子和制钱兑换的交易所。钱市的形成和当年这一带的"**炉行**"有关。早年，各地上缴朝廷的税银规格、成色不等，到了北京后，经有户部颁发的经营许可证的"官炉房"融铸成统一规格、成色的"官宝"（银锭子）入库。那时，钱市胡同里就有不少家官炉房。

明清之际，银子和制钱（印着"光绪通宝"等字样的铜钱）并用。那时候，每天一大早等着钱市胡同里的钱市水牌公布当天银子和铜钱兑换的比价后，各路买卖才开店营业。交易大厅的正门开在廊房三条。胡同的7号、9号院就是当年人头攒动的交易大厅。那时候，大厅里有18家银号，做的就是银钱兑换买入和卖出差价的营生。那当儿的钱市胡同，控制着北京城白银和制钱的比价行情，也是京城金融行业的晴雨表。

宣南

273

1933 年 10 月，国民政府颁布了《废两改元令》，一律改用银圆，不再使用银两，真金白银从此不再出现在买卖家儿的柜台上和乡亲们的褡裢里。钱市停止了交易，水牌也从此停止了翻动。当年水泄不通的胡同，现如今从跟前走过路过都不一定能得找到了。

钱市胡同正在清理腾退中，这一片老屋的命运不知何去何从。年初的时候几次来这里想进去看看，都被保安拦了。近日因疫情的缘故，保安都被安排去了

胡同儿里的溜达

大栅栏各主要路口，终于得以走近这条狭窄幽暗、空无一人的巷子。胡同南侧是从前的官炉房，右侧是几家银号。在胡同左侧一间旧屋的房顶上看到了当年冶炼作坊留下的通气窗。胡同的尽头就是早年呼风唤雨的钱市。站在空荡荡的

交易大厅里，当年水牌翻动、人声鼎沸的那一幕仿佛就在眼前。

从前胡同的南北两侧各有5所院子，买卖的字号就写在院门上的藏头联里。

二号院门上写的是："**增**得山川千倍利，**茂**如松柏四时春。"

四号院："**全**球互市翰琛书，**聚**宝为堂裕货泉。"

六号院："**万**寿无疆逢泰运，**聚**财有道庆丰盈。"

十号院："**聚**宝多流川不息，**泰**阶平如日之升。"

从中可知，它们的字号分别是"增茂""全聚""万聚"和"聚泰"。如今，只有2号院门上的门联还清晰可见。

取灯胡同

取灯儿和洋火儿

　　"取灯"这名字听上去很容易让人想到影视剧里老北京胡同的画面，挑担的小贩走在幽静的胡同里，拉着悠长的腔调边走边吆喝着："换洋取灯儿呦……"

　　取灯胡同在煤市街的西侧，西边不远处就是琉璃厂。因当年胡同里聚集了许多制售取灯（类似火柴的取火之物）的作坊而得名。早年，内联升鞋店的作坊和京剧大师尚小云创办的荣春社也在这条胡同里。北边的北火扇胡同 7 号院从前是京城著名的**鼎盛当铺**，院子里还保留有一块如今已经在北京城很难见到的木影壁。

打火机在中国普遍使用约在 20 世纪 80 年代中后期。此前，点火之物多为火柴。光绪五年（1897 年），中国有了第一家火柴厂。记得直到 70 年代末，火柴还是限量供应，每户每月 5 盒，每盒 2 分钱。

　　火柴于道光七年（1827 年）由英国人发明，给人们的日常生活带来了极大的方便。传入我国后，被乡亲们称为洋火儿、洋取灯儿。之所以叫洋取灯儿，是因为在火柴传入中国之前，乡亲们使用的是国产**取灯儿**。取灯儿的前身叫**引火奴**，相传出现于公元 6 世纪的南北朝时期。北宋的《清异录》中有载："有智者，批杉条染硫黄，置之待用，一与火遇，得焰穗然。既神之，呼引火奴。"

　　取灯儿与火柴原理一样，但点火方式略显原始。火柴一擦就着，取灯儿是一个细薄的长木片，顶端涂有硫黄，

点燃它还另需一组三件套的工具：**火镰、火石、火绒**。先通过火镰与火石击打出的火星引燃火绒，再用火绒点燃取灯儿。早年间，火镰是男人们的随身物件儿，估计纪晓岚随身的荷包里也一定少不了此物。

"取灯儿"的叫法，据说始于明代。在引火奴、取灯儿还没有广泛使用之前，乡亲保留火种的方式通常是用油灯。用取火之物点燃油灯，或是提着自家的油灯去别人家借（取）火，"取灯儿"之名或许就是由此演变而来。

取灯胡同不仅是地名，也是那段远去岁月的写照。

虎坊桥
虎坊路

① 珠市口西大街
腊竹胡同
阡儿胡同
万明路
板章路
③ 珠市口
④ 前门大街
珠市口铺陈市胡同
⑧ 校尉营胡同
⑨ 鹞儿胡同
⑤ 香厂路
⑥ ⑦ 留学路
储子营胡同
⑩ ⑪ 永安路
天桥
天桥市场斜街
⑫
北纬路
⑬ 天桥南大街
太平街
南纬路

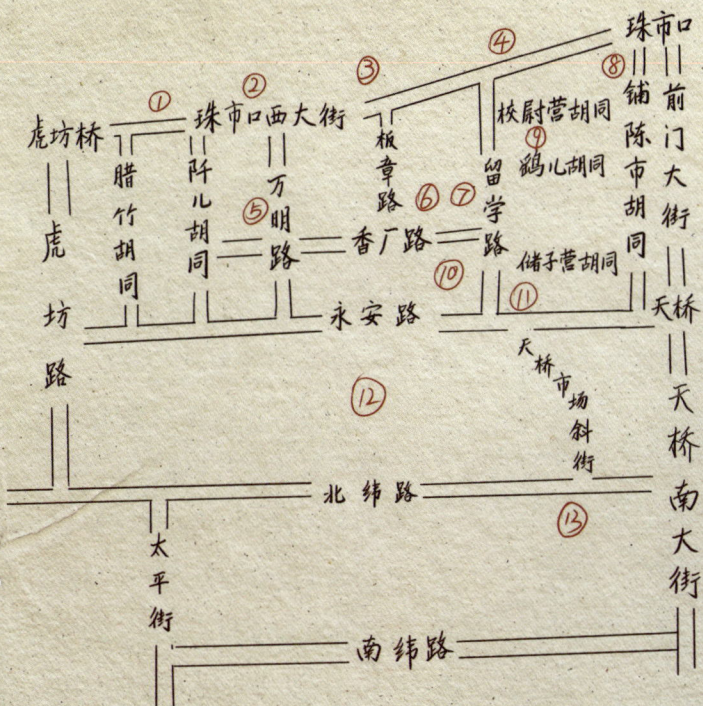

① 纪晓岚故居
② 晋阳饭庄
③ 给孤寺
④ 丰泽园
⑤ 东方饭店
⑥ 华康里
⑦ 香厂路小学
⑧ 珠市口堂
⑨ 宜兴会馆
⑩ 泰安里
⑪ 居仁里
⑫ 友谊医院
⑬ 天桥剧场

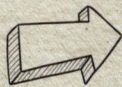

珠市口在北京城的中轴线上，是前门大街和两广路的交会处。南边是天桥、永定门，北边是前门、紫禁城，东西分别是磁器口和虎坊桥，早年不仅是北京城的交通枢纽，也是紧邻前门大栅栏的繁华商业区，一度被北京人称作"金十字"。

如今，珠市口最打眼的建筑就是十字路口西南角的基督教堂，也是北京知名的四大基督教堂之一（其余三所在崇文门、宽街、缸瓦市）。这座哥特式教堂是洋人于 1904 年用庚子赔款建成的。这座建在中轴线上的

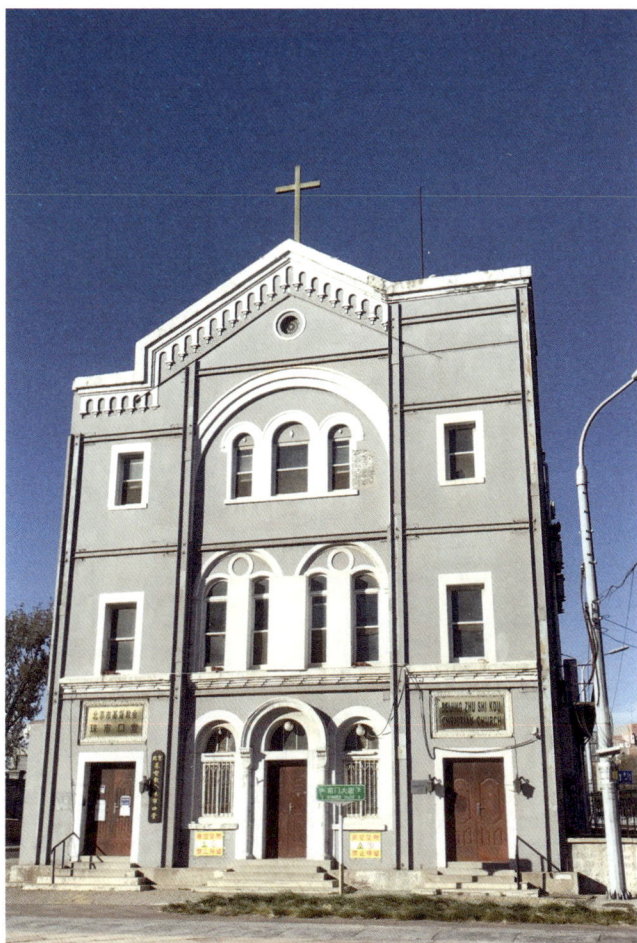

教堂，杵在前门楼子前，给大清朝添了堵，也是那段不堪回首的一个历史见证。

实际上，"珠市口"这名字与珠宝无关，而是从**猪市口**雅化而来。明清时期，这一带是生猪交易市场，由于地处皇帝到天坛、先农坛祭祀的必经之路，有碍观瞻，清末之际，猪市搬到了东四，东四西大街在 1965 年之前一直就叫**猪市大街**。后来猪市才由东四迁到大红门，猪市口更名为珠市口。

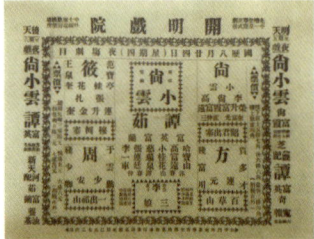

开明戏院始建于 1912 年，早年在珠市口西大街 24 号。戏院不仅在建筑风格上别具特色，舞台设计功能先进，更是开创了文明看戏的先河：率先实行买票入场、对号入座，破了"先看戏后收费"的老规矩。当年戏院的海报特意说明："本场对号入座，各有定位，原为尊重惠顾诸君人格起见，以免先后凌乱，彼此争执……"同时第一次推出了"中场休息"这一人性化的环节。而对于那个年代的天桥艺人们来说，开明戏院有着更为深远的意义。

当年，珠市口不仅是南城地理上的"金十字"，也是贫与富、俗与雅的一道"分水岭"。如今上了年纪的老北京还记得，那时以珠市口为界，有"**道儿南**""**道儿北**"之说。《燕都丛考》中也有"盖以珠市口大街为经，用以区别雅俗耳"的记载。那当儿，有品的店铺、戏园子以至高等级的风月场所都在"道儿北"。"道儿南"的艺人只能在天桥的小园子、落子馆或撂地摊儿演出，登不了"道儿北"的大雅之堂。"道儿北"的角儿们通常也从不会进"道儿南"场子。据说当年一位与梅兰芳齐名的秦腔旦角崔灵芝，自打去了"道儿南"就再也没能重返"道儿北"的舞台。

位于珠市口的开明戏院当时就是天桥艺人们的"星光大道"，想要进入"道儿北"的地盘，必先要在开明戏院一展身手"验

胡同儿里的溜达

明正身"。当年在北京谋生的白玉霜就是从登上开明戏院的舞台起，成为红遍大江南北的"评剧皇后"。侯宝林、新凤霞、小白玉霜以及号称"天桥马连良"的梁益鸣等，也都是从开明戏院登上了"道儿北"的舞台，声名鹊起。开明戏院也是天桥艺人们的"金十字"。

1924 年，泰戈尔访华，梅先生特地在开明戏院演出了京剧《洛神》。新中国成立后，戏院改名叫民主剧场，再后来变成**珠市口电影院**，最终在 2000 年两广路扩建时被拆除。当年戏院的位置如今改成了街头花园。

校尉营胡同

最详尽的北京地方志《光绪顺天府志》

早年，北京城有两条校尉营胡同，都因明代有校尉营的驻兵而得名：一条在王府井东侧，紧邻协和医院，如今改名叫校尉胡同；另一条在珠市口西大街南侧，至今仍沿用校尉营胡同的名字。

校尉营胡同的南边有条九湾胡同，胡同里的"弯"有十三个，在北京排行第二。早年，北京叫"九道湾"的胡同有七处之多，如今只剩下珠市口和北新桥的这两条。北新桥那条是北京"弯"最多的胡同，大小都算上有二十来个。**九湾胡同**里的一个

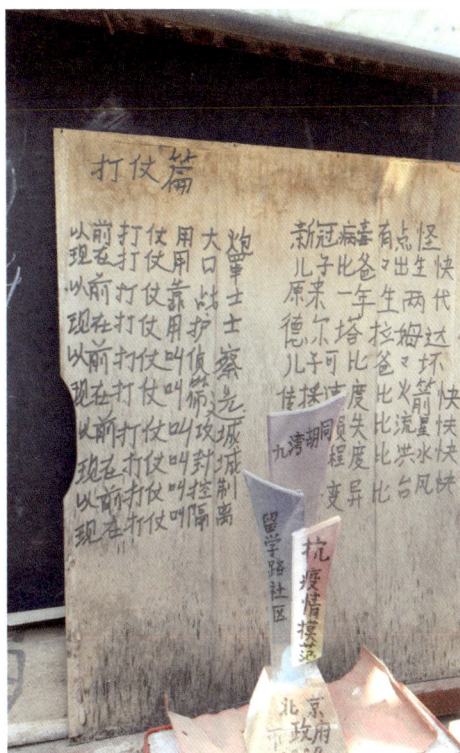

狭小拐弯处，有一块胡同里已不常见的"**石敢当**"。石敢当，又称泰山石敢当，是放置宅院外或街巷口建筑的小石碑，碑上刻有"石敢当"的字样，通常立于丁字路口或街巷拐角等被称为"凶位"的墙外。有的在碑额上还有狮首、虎首等浅浮雕用来驱邪止煞、防祸消灾。据说此风俗始盛于唐代。此处的拐角过于狭小，石碑或许是被经过的自行车等物碰断了。

校尉营胡同西侧已经拆除，如今只剩下东边的一半。胡同西口的 44 号院是**宜兴会馆**的旧址，会馆的前身是光绪年间的**顺天府尹**周家楣（1835—1887 年）的故居。

宣

南

285

明清那当儿，北京叫顺天府。周家楣，江苏宜兴人，光绪年间升任顺天府府尹，官居正三品。周家楣在顺天府府尹任上办的大事，就是主持了《**光绪顺天府志**》的编纂工作。

《顺天府志》就是北京地方志，史上编纂的《顺天府志》有三部。第一部是完成于万历二十一年（1593 年）的《万历顺天府志》，所涉内容相对简单，且由于完成得较为匆忙，硬伤也不少。第二部是《康熙顺天府志》，内容与前一部出入不大。光绪初年，李鸿章发起修纂《畿辅通志》时，需要参阅各府、州、

胡同儿里的溜达

县的地方志书，发现唯独顺天府没有一本完善的志书，这才奏请成立了《顺天府志》修纂局。

《光绪顺天府志》成书于光绪十一年（1885年），共计一百三十卷，分京师、地理、河渠、食货、经政、故事、官师、人物、艺文、金石十志。取材丰富，考证严谨，独具地方特色，被誉为"近世方志之冠"，是后人研究北京地方史不可或缺的资料，也是周家楣、缪荃孙（另一位编纂官）等留给北京的一份珍贵的文化遗产。

除了编书，周府尹还为北京城的乡亲们做过不少好事。光绪九年（1883年），顺天府境内大雨，房屋倒塌，灾民遍野。周家楣在菜市口和琉璃厂创办孤儿院，收养孤儿念书学艺，并多方筹集赈灾银两、粮食、棉衣，施粥、发米，救济了众多无家可归的难民。

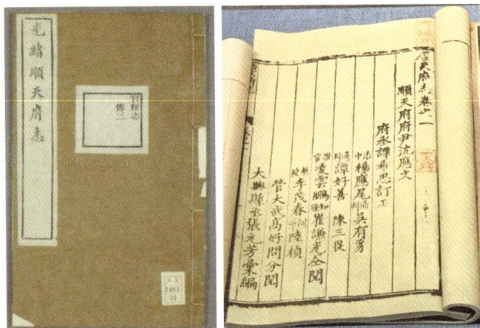

光绪十三年（1887年），周家楣去世，顺天府的老百姓感戴其德政，将周家楣故居改建为宜兴会馆，并在馆内供奉周家楣的牌位，以纪念这位不忘初心的顺天府尹。

宣南

鹞儿胡同、铺陈市胡同、储子营和居仁里

"都一处"、燕子李三儿、评书大师和赛金花

鹞儿胡同在珠市口南边路西,北城的人不一定熟悉,但南城老辈人都还记得鹞儿胡同里的侦缉队和燕子李三的传说。

鹞儿胡同在明朝叫要儿胡同,如今已说不清楚"要儿"的来由。早年,胡同里有徽州、浮山(山西临汾)、平介(山西平遥、介休)等会馆。老一辈指挥家李德伦就出生在31号(老门牌)的平介会馆。

相传乾隆初年,来京城讨生活的山西临汾浮山县人王瑞福住进了鹞儿胡同的浮山会馆。乾隆三年(1738年),王瑞福在

前面鲜鱼口开了家浮山烧卖馆。地势好，人勤快，小店生意不错。话说乾隆十七年（1752年）除夕之夜，乾隆帝自京东私访回宫的途中路经此地，人饥马乏。前门外唯有烧卖馆还掌灯营业，一行人在小店落座。酒香袭人，小菜地道，服务周正，龙颜甚悦。临走之际，乾隆帝留了句话："除夕之夜，满京城还掌灯的买卖只有你这一处了，这店就叫'都一处'吧！"打那时起直到今天，"都一处"在鲜鱼口行不更名、坐不改姓地经营了260多年，据说店堂内那块"都一处"的牌匾就是乾隆帝的手书。

　　清朝末年，外城巡警厅就设在鹞儿胡同5号，民国时期是北平警察局侦缉总队的队部和牢房的所在地。老北京那时还有一句歇后语：鹞儿胡同——真急（侦缉）。

宣南

　　燕子李三儿，本名李景华（1895—1936 年），河北涿州人士，年幼时在沧州习武，据说练就了飞檐走壁和缩骨神功，曾经 7 次从狱中逃脱。传说李三只对高官和财主等有钱大户下手，时常还会接济穷人，被京城的乡亲们称为劫富济贫的"侠盗"，段祺瑞和张宗昌的宅子都被他光顾过。1934 年，李三儿被侦缉队抓获，就关押在鹩儿胡同 5 号院；1936 年病死在狱中。如今，鹩儿胡同 5 号正在腾退中。

　　铺陈市胡同与鹩儿胡同的东口相接，早年叫**穷汉市**，是卖苦力的小工集聚地。外地人居多，在北京没有家室，遇到衣服、鞋袜破了，被褥脏了只能求人帮忙缝补换洗。于是应运而生一种"**缝穷**"的行业。补个衣袜、缝个扣子啥的直接脱下来，立等可取。缝穷的小店有时也回收破旧二手被褥、棉织品等"**铺衬**"，收拾加工后，再以低价卖给穷人，日久天长，**铺陈（衬）市**就成了胡同的名字。

早年间，市面上各类鞋子都是纯手工缝制，缝制鞋底需要一种特制的工具，叫锥子，记得从前在我奶奶针线盒里还看到过。铺陈市胡同的西边住过一位姓赵的手艺人，在胡同里开了家制造锥子的店铺。赵家的锥子货真价实、经久耐用，深得中老年妇女的喜爱，后来胡同就用"赵锥子"冠了名。咸丰年间，谭鑫培随父进京之初就住在**赵锥子胡同**，具体是哪家院子已经说不清了。

铺陈市胡同西侧还有一条胡同，明清时期因料理婚丧嫁娶、红白喜事宴席为职业的厨子集中于此，而得名厨子营，1965 年

更名为**储子营胡同**。民国年间的评书大师陈士和就出生在这条胡同，早年干过给厨子打下手的"厨口儿"，因"聊斋"说得通俗生动、扣人心弦，一举成名。也正是由于胡同里的这段经历，在电影《六号门》里，陈士和将旧社会久经风云的老混混儿"马八辈儿"塑造得活灵活现。

储子营西口往西是**居仁里**。晚年的**赛金花**就住在居仁里16号。1936年11月4日凌晨，这位奇女子在落寞凄凉之中离开了人世。经一位热心的大爷带路，才找到了狭小又没有标识的居仁里入口。胡同南口正在基建中，赛金花曾经住过的16号已经拆没了。

香厂路

北京城的摩登时代

一提起"上海滩",就会让人浮想起十里洋场、灯红酒绿,"大世界""百老汇""美酒加咖啡""何日君再来"……上海滩开启了中国的摩登时代。现如今的北京人或许不准都清楚,民国年间北京城也曾有过一段如大上海般的摩登时代。

香厂路在鹞儿胡同的西南、友谊医院的北边。早年是片荒地,后来成了制香、贩香的场所。宣统元年(1909 年),由于修路,厂甸庙会临时迁到此地。从此以后,这片

新市区泰安里

西城区文物保护单位
北京市西城区人民政府二〇〇九年七月公布
北京市西城区文化和旅游局二〇二〇年十二月立

北京市西城区文化和旅游局

地界儿才有了街区的模样。

1914 年，北洋政府市政公所决定仿照上海滩在北京创建一个体现文明时尚的**新市区**，示范区的地点就选定了以香厂路为中心的这片区域。工程由曾主持打通南北长街、南北池子，改建了正阳门，时任北洋政府内务总长的朱启钤亲自督导。

新市区的规划采用了西方城建的理念，修建了十几条纵横交错的柏油马路，如今友谊医院四周的南纬路、北纬路、西经路、东经路，这带有高科技含量的

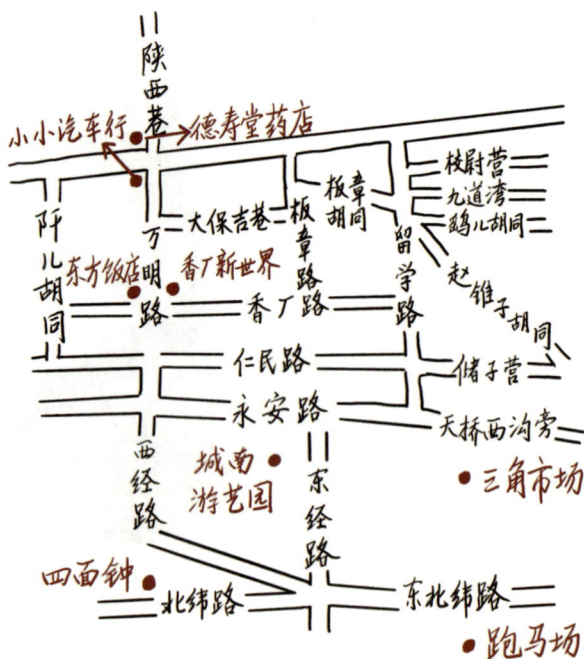

胡同儿里的溜达

294

街道名字就是当年留下来的。新市区内到处是带有百叶窗、天井和游廊的西式洋楼，尽显时尚，还首次设置了交通岗和路灯，在香厂路和万明路的交会处还修建了中心广场。

新市区的标志性建筑就是1918年竣工、仿照上海大世界而建的**香厂新世界**。在这座豪华的四层大楼里上下分布着商场、影院、餐厅、茶馆、咖啡店、舞厅、游艺厅，还有表演杂耍、魔术、说书、相声的剧场。现如今的北京也找不到这样热闹的去处了。"新世界"里的电梯、哈哈镜也让北京城的乡亲们大开眼界，据说开张不久电梯里还发生了踩踏事件。

宣南

"新世界"的南侧，是林海音在回忆录里提到的那个"**城南游艺园**"。据说通票两毛钱，园子里的电影、曲艺、杂耍等随意看；另有收费的游艺和保龄球等项目。看京剧也要单买票，余叔岩、梅兰芳、杨小楼等大师定期在此演出。

同样是 1918 年建成、位于香厂路与万明路相交路口西北角的**东方饭店**，是**第一所由中国人自己投资、自行管理的饭店**。当年的政府要员及各界名流都喜欢住在东方饭店，不仅是支持国货的情结使然，也因为饭店的各种设施毫不逊色于一流的酒店。当时，东方饭店每个房间都配有电话，而同期著名的六国饭店也只有一半的客房才有。如今，东方饭店也是当年的新市区唯一原址原貌保留下来的建筑。

万明路的北口当年有北京"八大楼"之一的新丰楼，街对面是德寿堂药店，如今路口西侧 5—7 号陈旧的二层小洋楼，就是那当儿**北京城第一家汽车租赁公司——小小汽车行**。周边聚集了不少汽修、汽配的买卖。香厂路西头的阡儿胡同就是当年北京的"汽配一条街"；而

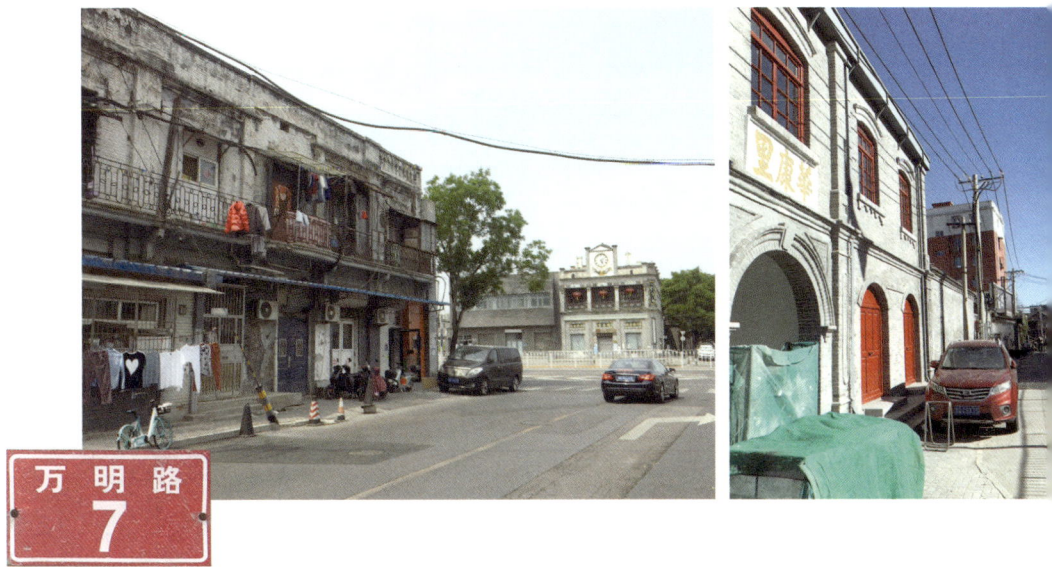

香厂路南北两侧的**泰安里**和**华康里**，是当年新市区仿照上海里弄风格而建的红灯区。

1927年以后，随着北伐的结束、国民政府的南迁，北平逐渐变得冷清，新市区也没了往日的熙熙攘攘、灯火辉煌。北京城那段动荡年月里的摩登时代，就这样在无奈与落寞之中曲终人散、落幕收场。

如今香厂路小学分校的位置，就是曾经的香厂新世界；城南游艺园如今叫友谊医院；据说天桥剧场前曾经的广场就是参照当年香厂路的中心广场建造的。

100年前，这片地界儿上曾经发生过一次"京腔京韵"和"阿拉上海侬"的邂逅，这里记载了北京城那段与时俱进、追寻摩登时尚的岁月。

宣南

留学路在香厂路的东侧，南北走向，胡同北口是珠市口西大街，街对面是丰泽园饭庄。胡同南口不远处，就是民国年间的艺人们耍把式卖艺的**天桥三角市场**。身处这片市井气十足的地界儿，"留学路"这名字显得有些不搭。

其实，留学路是新中国成立后改良过的名字，这条胡同曾有一个足够市井、接地气儿名字——**牛血路**，据说得名于附近的屠宰场。民国期间，与前门、天桥南北为邻的牛血路也是个聚集人气的地界儿，有"小大栅栏"之称。比肩接踵着酒楼、饭馆、浴池、

水果铺、牛肉铺、首饰楼、茶馆、客栈，还有一家颇有名气的老字号——广来油盐店。当年，这条胡同是连接珠市口西大街与城南游艺园、"大世界"的枢纽，天桥的艺人也多住在此地。1935年，17岁的**侯宝林**撂地卖艺时，就租住在牛血路。或许是当年的人气还在，如今留学路上依旧是买卖林立、人来人往，出名的有**"洪记白水羊头""宫门口馒头"**和**"庆祥斋"**糕点等。

实际上，直到新中国成立初期，北京城如同"牛血"这般直白的胡同名字还有很多，后来在胡同名称改造的过程中，这些有"三俗"之嫌的胡同名字都被取了雅号，比如：

驴市胡同改为礼士胡同、**棺材**胡同改为光彩胡同、**鸡爪**胡同改为吉兆胡同、**臭皮**胡同改成寿比胡同、**苦水井**胡同改成福绥境胡同、**张善人**改成掌扇胡同、干鱼胡同改为甘雨胡同、**烧**

宣南

饼胡同改为寿屏胡同、**轿子**胡同改为教子胡同、**狗尾巴**胡同改为高义伯胡同、**牛蹄**胡同改为留题胡同、**屎壳郎**胡同成了时刻亮胡同……

名字变得文雅了，也变得多少让人觉得有些"丈二"。钱锺书在《容安馆札记》一文中，也曾对"高义伯、留题"等胡同雅化有过"欲盖弥彰，求雅愈俗"的评论。**人谷为俗**，有俗才有了人间烟火。

北京胡同的名字源远悠长、包罗万象，与历史相接、与人文相连、与寻常百姓的生活息息相关，是岁月和时代的见证，是老北京文化的一部分。

晋阳饭庄

纪晓岚故居和富连成

纪晓岚的故居**阅微草堂**在珠市口西大街 241 号，这个门牌号如今也是晋阳饭庄的地址。

实际上，纪大人宅子的产权自 1958 年起就归了**晋阳饭庄**。2000 年，两广路（广渠门至广安门）扩建时，这地界儿一度被列入拆除规划中。在纪大人的后人奔走上书之下，阅微草堂才刀下留人地躲过一劫，两广路也因此在这一段向南蜿蜒了一程。2001 年，在老纪的后人和众多学者专家的呼吁下，阅微草堂重新修复。一年后，晋阳饭庄辟出西院，这才有了如今的**纪晓岚故居**。

在纪大人之前，这所园子的主人也是名门之后，就是电视剧《雍正王朝》里那位接替年羹尧川陕总督之位的岳飞第二十一世孙——岳钟琪将军。

据专家考证，纪晓岚自乾隆元年（1735年）起至嘉庆十年（1805年）期间，就居住在此地，门前的那株紫藤据说是他亲手所种。纪大人在职期间办的大事，就是自乾隆三十八年（1773年）起，领衔编修了《四库全书》。这一年正值英国的库克船长领着他的船队完成了人类历史上第一次穿越南极圈的壮举。《四库全书》修成后，乾隆帝下令手抄了七部。如今保存在北海公园西侧的国家图书馆古籍馆中的一部，就是1914年由热河的文津阁送来的，北海门前的这条街也因此被叫作文津街。嘉庆十年（1805年），纪晓岚离世，阅微草堂不久也被其后人变卖。

1931年，梅兰芳、余叔岩等在此成立了北京国剧学会。

"富连成"是创立于光绪二十年（1904年）的京剧科班，属于京剧界的"德云社"。富连成几经转辗，最终于1936年买下了纪大人的阅微草堂，时值富连成的鼎盛时期。富连成前后共招收了喜、连、富、盛、世、元、韵、庆八科弟子，培养出的京剧人才有七八百之多。其中不乏侯喜瑞、马连良、谭富英、裘盛荣、袁世海、谭元寿、纪韵兰、叶庆先等大师级人物。1948年，因时局动荡、经费困难，在招收了"庆"字科不久，

于梨园舞台上叱咤风云近半个世纪的富连成在阅微草堂落下了帷幕。落下帷幕的不只是富连成，还有一个时代。

纪晓岚故居的西侧本是阅微草堂的西跨院，如今改建成一处称作京韵园的街头花园，写有"京剧发祥地"的地标石摆放在园中。园子的一侧有一座以"富连成"命名的四角亭，其社训亦立于一旁。

有戏班和饭庄陪着，纪大人或许不会觉得寂寞。

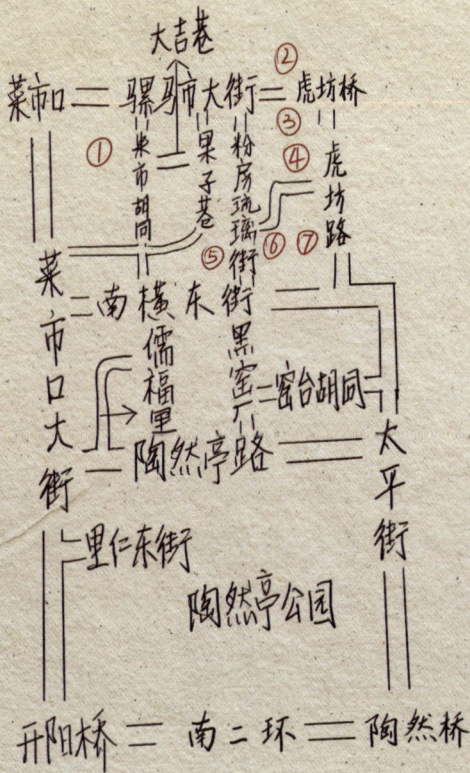

① 康有为故居
② 中国书店
③ 湖广会馆
④ 工人俱乐部
⑤ 梁启超故居
⑥ 清华池
⑦ 京天红

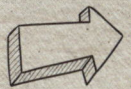

虎坊桥（上）

老虎、大象和明朝的奇葩皇帝

　　虎坊桥在珠市口和菜市口之间，离纪大人家的阅微草堂不远。纪大人在《阅微草堂笔记》里多次提到虎坊桥。

　　作为地名，"**虎坊桥**"这三字一点没糟蹋，早年间这里不仅有虎房，还有桥。清人写的《箕城杂缀》有载："虎坊桥在琉璃厂东南，其西有铁门，前朝**虎圈**地也。""前朝"说的是明朝；经专家考证，"虎圈"在如今魏染胡同一带，其西那座圈虎的"**铁门**"，就在如今菜市口东边的铁门胡同。明清时期，有条由北向南的沟渠从此经过，**桥**就建在这条沟渠之上、如今的虎坊桥十字路口的西侧。

明朝是中国历史上豢养动物的鼎盛时期，比起旗人遛鸟、养蝈蝈的闲懒，明朝人好的是高大威猛。除了虎坊桥的**虎房**、佟麟阁路的**象房**，宣武门东边的未英（喂鹰）胡同是当年养鹰的**鹰房**。紫禁城西侧的中南海一带早年叫西苑，据说当年还有个**豹房**。

明朝的皇帝里，明武宗（正德）以遛老虎、逗豹子闻名，好武，善骑射。为了却带兵征战的梦想，正德皇帝前无古人地封自己为"威武大将军"，元帅府就设在西四北二条，那条胡同当年就叫元帅胡同。豹房就是明武宗逗豹子的地方，也是他的私人会所，据说他老人家就驾崩在豹房。除了逗豹子，据说这位**"将军皇帝"**隔三岔五地还要去虎坊桥和老虎真刀真枪地过过招，属帝王界的奇葩。

说起明朝的皇帝，奇葩的远不止正德皇帝一位。有把参加各级别蟋蟀大赛和制作香炉视为第二职业，并为后人留下宣德蟋蟀罐和宣德炉等物质文化遗产的，被称作**"蟋蟀天子"**的宣德皇帝朱瞻基；有终日沉溺于刀锯斧凿不能自拔，在中国木匠界名声仅次于鲁班的**"木匠皇帝"**——明熹宗朱由校（魏忠贤正是在朱由校当朝的天启年间呼风唤雨的）；还有两个在位期间竟有几十年不上朝的**"甩手皇帝"**——明世宗朱厚熜（嘉靖）和明神宗朱翊钧（万历）。这两朝也出了两位后世知名的宰相，一位叫严嵩，另一位叫张居正；还有出征瓦剌被绑票，后与敌方首领的弟弟差点拜了把子，经"夺门之变"重新上位后竟然在西四北三条东口为瓦剌人立庙，感恩颂德，被称作**"汉奸皇帝"**的明英宗朱祁镇；有体重达三百多斤、走路得两个人搀扶、**活活胖死的皇帝**明仁宗朱高炽；另外还有中国上下几千年唯一一位不娶妃、不纳妾，恪守一夫一妻的**"模范丈夫皇帝"**——明孝宗朱祐樘。

也有人说，是编写《明史》的清人存心抹黑，才把明朝皇帝这点糗事都给抖搂出来，为大清取代明朝造正义之势。咋说呢，《二十四史》中各个朝代的历史都是由后人写出来的，给当朝贴金、给前朝刷色似乎是个常态。《鹿鼎记》里那个绸布店的庄主就是因为私自编印了《明史》，被满门抄斩了，而被认为更贴近历史真相的《南明史》（1644—1662 年），直到 1997 年才由明清史专家、原北京师范大学历史系教授顾诚完成出版。有人说，隔代人写出的历史才更接近真实。不管怎样，大明朝这一路，不易。

虎坊桥属宣南的交通要道，林海音的家南柳巷离这儿不远。她在回忆儿时的情景时写道："无论到前门，到城南游艺园，到八大胡同，到天桥都要从这里经过……"

如今的虎坊桥虽已不再有往日喧闹，但给北京人留下了许多念想儿。

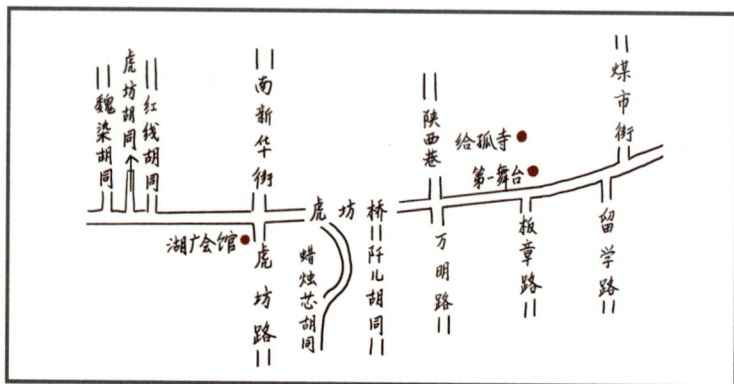

魏染胡同　红线胡同　虎坊胡同　南新华街　湖广会馆　虎坊路　坊　蜡烛芯胡同　桥阡儿胡同　万明路　陕西巷　给孤寺　第一舞台　报章路　煤市街　留学路

胡同儿里的溜达

虎坊桥路口东侧不远是**纪晓岚故居**和**晋阳饭庄**。晋阳饭庄东侧，早年有一座建于唐贞观年间的**给（jǐ）孤寺**，北京人叫"叽咕四儿"。上了年纪的南城人都有印象，公交车在珠市口西大街有"给孤寺"一站（今板章路）。民国初年，在给孤寺原址上修建了一座三层楼能容纳两千人，带有转台的新式大剧场——**第一舞台**。杨小楼、梅兰芳、余叔岩、尚小云等各路名角都曾在这里登台演出。**"小肠陈"**的传人陈玉田回忆道，当年就是在第一舞台边上出摊儿，许多角儿们唱罢大戏后，都来碗卤煮当宵夜。那当儿，还没有"小肠陈"的名号，招牌也不叫"卤煮火烧"，叫"卤煮小肠"。当年第一舞台的位置如今是武警大院。

虎坊桥路口西北角那座三角形的建筑是**中国书店**，因其外形酷似航船，也被叫作**船楼**。其前身是由康有为、梁启超组建的强学会改建而成的大清撷华书局，光绪三十一年（1905年）改为中华印书局。据说里面还保存着**北京唯一一部木制导轨电梯**。

宣南

虎坊桥路口的西南角是建于嘉庆十二年（1807年）的**湖广会馆**。"湖广"二字源自元代，当时，湖北、湖南、广西和部分广东、贵州地域叫作"湖广行省"；明以后，"湖广"专指湖南、湖北两省。前清年间，这里是京城名流聚集的去处；同治九年（1870年），曾国藩就是在这儿过的六十岁生日；1912年8月25日，孙中山在这里主持了由同盟会、兴中会等五家单位联合举办的改组大会，并宣布国民党正式成立，湖广会馆也成为国民党的诞生地。湖广会馆与正乙祠、安徽会馆、平阳会馆的戏楼，当年并称为京城的"四大戏楼"，如今德云社的驻演再次让湖广会馆成为众人瞩目之地。

紧邻湖广会馆南侧的虎坊路7号，是建于1956年的**北京工人俱乐部**。20世纪80年代前后，工人俱乐部为繁荣首都的文艺舞台和丰富京城乡亲们的精神生活，做出了巨大贡献。现代京剧《沙家浜》《杜鹃山》《白毛女》就是在这里排练和公演的。

1979年春节前夕，由李光曦主演的歌剧《阿依古丽》在俱乐部上演，凌晨五点的寒风里，就有人开始排队买票。那当儿，倒不是李老师的名气这么有

号召力，而是乡亲们已经有很久都没看到这等高雅艺术了。记得曾在俱乐部看过一部名叫《赣水苍茫》的话剧，编剧是曹禺先生的学生、我家的邻居、中戏戏（剧）文（学）系的晏学教授。那时候，工人俱乐部也是周边乡亲们观看文艺晚会、看电影、看杂技的好去处。

早年，俱乐部南墙外有家**凯琳卤煮**，炒肝儿做得也地道，卖的是薄皮的天津包子，和"小肠陈"有一拼。老北京讲究的是吃炒肝儿不用勺，店家特意还把这几个字写成匾挂在墙上，全北京独此一家。前些年，路过虎坊桥再去找的时候，"凯琳"已经不在了，听说搬到天桥去了。

郭德纲的"母校"——**清华池**始建于 1905 年，前身是小仓浪澡堂，在虎坊路大街 4 号（新址在虎坊路 17号），1915 正式定名为清华池。那当儿的清华池大气讲究，属于北京城泡澡修脚界的"爱马仕"。泡澡修脚、喝茶下棋、论买卖、扯闲篇儿，高兴了再叫碗烂肉面、二两烧刀子——北京人，就这么有品！如今的洗浴中心一家比一家气派，但从前那种"有品"的感觉找不到了。

清华池界壁儿，**京天红酒家**的炸糕是南城人的一好，据说是北京最好吃的炸糕，皮儿脆、馅儿足，3 块钱一个，每人限购20 个，见天儿地排队。

宣南

俱乐部马路对面的**腊竹胡同**，在《顺天府志》里记作"蜡烛心（芯）胡同"，以制作蜡烛芯的作坊而命名；其东侧的**阡儿胡同**，则是制售蜡烛阡的地方；腊竹胡同曾是北京的"**炙子烤肉一条街**"，一条胡同里有十几家烤肉的买卖。每到傍晚时分，胡同两侧摆满桌子，炙子上滋滋作响，桌边的食客们有喝有聊，整条胡同里弥漫着烤肉和洋葱的气息。如今，胡同里只剩下一家"刘记"。

虎坊桥不仅是南城的地标，也是南城人割舍不下的念想儿。

菜市口在虎坊桥的西边，两者之间的马路叫**骡马市大街**，早年间是马市。

骡马市大街从前叫南大街，是外城的交通干道和枢纽。从前，外省进京办差的官员、赶考的举子、做买卖的商贩，大多是走卢沟桥经彰仪门（广安门）进城。那时不比现在，乡亲们出来进去的都得走城门，日子久了，许多买卖就在城门附近落了脚。如崇文门的**磁器口**、**米市**大街，广渠门的**花市**，德胜门的**果子市**，前门的**猪市**（珠市口），**煤市**（街），阜成门的**驴市**（礼士路），**缸瓦市**，**羊市**（阜成门内大街从前叫羊市街）。宣武

315

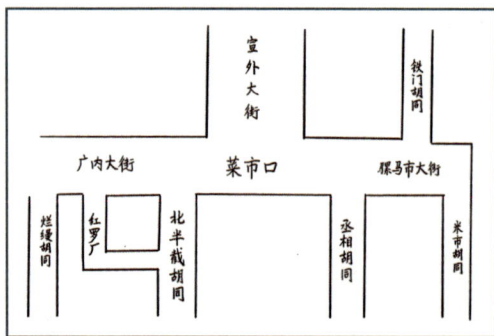

门这儿是**骡马市**，当年大街上建有马神庙，设有骡马税局，还有北京城最大的**菜市**。

如今的菜市口以南是南北通透的**菜市口大街**。从前，菜市口是个丁字路口，菜市口大街的北端叫**菜市口胡同**，直到1999年道路改造后，才变成现在的十字路口。

菜市口胡同早年叫**绳匠胡同**，据说胡同里曾有制绳的作坊。因胡同里先后住过李鸿藻、曾国藩、左宗棠等几位高官，后被附会地叫成丞相胡同，1965年正名为菜市口胡同。

那时候，菜市口有两家北京城知名的买卖：一家叫"**南来顺**"、一家叫"**鹤年堂**"。"南来顺"在菜市口胡同北口路西，创建于1937年，掌柜的姓石，当年闻名京城的"爆肚石"也是他家的买卖。鹤年堂在南来顺的马路对面，铁门胡同西侧。创建于永乐三年（1405年）的鹤年堂比同仁堂（1669年）早了260多年，创始人兼养生专家丁鹤年据说还是个诗人。明清之际，鹤年堂就以为皇家进贡药材、配置药膳和养生酒名扬天下。直到今天，北京的老人儿都还记得有"**丸散膏丹同仁堂，汤剂饮片鹤年堂**"一说。嘉靖年间，鹤年堂又设了五家分店，菜市口的老店改叫西鹤年堂。1899年，金石学家王懿荣就是从西鹤年堂抓回的中药龙骨上，石破惊天地让沉睡了两千多年的甲骨文

胡同儿里的溜达

重新苏醒。相传，鹤年堂和西鹤年堂的牌匾分别是严嵩和其子严世蕃所书。

"菜市口"三字开始家喻户晓始于清朝。自大清朝起，处决犯人的法场设在菜市口。1935年出版的《北京旅行指南》描述了当年法场的位置："东自**铁门**（胡同）南口外起，西至丞相胡同北口外止，每逢秋后朝审。在京处决犯人众多时，由东向西排列……"每到秋后"出红差"的日子，人犯天亮之前先在刑部大堂（如今民族宫的位置）验明正身，再经西单，出顺承门（宣武门）到菜市口。监斩台就摆在鹤年堂的门口，待到午时三刻开刀问斩。骡马市大街两侧也从那时起添了许多棺材铺、杠房、寿衣店的买卖。当年北京有句骂人不带脏字儿的老话："去鹤年堂买刀伤药去吧您呢！"翻译成普通话就是："你个挨千刀的！"

光绪二十四年（1898年）9月28日，"戊戌六君子"就是在这里被砍了头。这里距谭嗣同的住处——北半截胡同41号的浏阳会馆，只有半袋烟的工夫。

米市胡同原本是菜市口胡同东侧一条并行的胡同，因这一带有米市而得名。当年，胡同里聚集了徐州、重庆、江阴、中州、南海等十余家会馆。康有为自光绪八年（1882年）赴京赶考至光绪二十四年（1898年）戊戌变法，这十几年中的大部分时间就住在**米市胡同43号**院的**南海会馆**。

35岁之前的康有为一直未曾考中过功名。1891年，18岁的梁启超在南海会馆的书房里拜当时只是秀才出身的康有为为师。起因是康老师在1891年发表的两部标新立异、不同凡响的著作**《孔子改制考》**和**《新学伪经考》**，让青年

梁启超耳目一新、受益匪浅。但据钱穆先生后考证，此两部著作的原创似乎属于经学大师**廖平**。廖平本人也指证，这两本书实际上是自己所编写的《知圣篇》和《辟刘篇》的翻版。

光绪十九年（1893 年），35 岁的康有为历经六次乡试落榜之后，终于考中举人，两年之后中了进士。同年，康老师在南海会馆策划并组织了被称作"公车上书"的那场"学运"，由此得到了光绪皇帝的器重。

光绪二十四年（1898 年）9 月 21 日，持续了百天的戊戌变法失败，得到密报的康老师即刻离开京城。赶到南海会馆的清兵只抓到了其弟康广仁。康广仁也成为后来被砍头的"戊戌六君子"之一。

据传，流亡海外期间的康老师用伪造的光绪皇帝的"衣带诏"，向海外华人募捐。后用筹到的捐款成立了自己的海外公司，还在瑞典买了座小岛，在岛上修了园子。或许是忘不了南海会馆的那段风风雨雨、慷慨激昂的日子，康老师给这园子起名叫北海草堂。

1926 年，68 岁的康老师最后一次回到南海会馆，在这座历经沧桑的老屋前伫立良久。那一刻，康老师想必百感交集，或许还会泪流满面。次年初，康老师辞世。

南海会馆的北边 29—33 号院的位置，是北京烤鸭的鼻祖——**便宜坊**的诞生地。永乐十四年（1416 年），一家叫便宜坊的焖炉烤鸭店在米市胡同开张，据说当年"便宜坊"前还有"金陵"（南京）二字。四百多年后的同治四年（1864 年），北京城才有了全聚德。

米市胡同 47 号院是北京私家官府菜——**谭家菜**的发源地。院子的主人本是翰林院编修谭宗浚的后人。民国后，擅长制作美食的谭家为

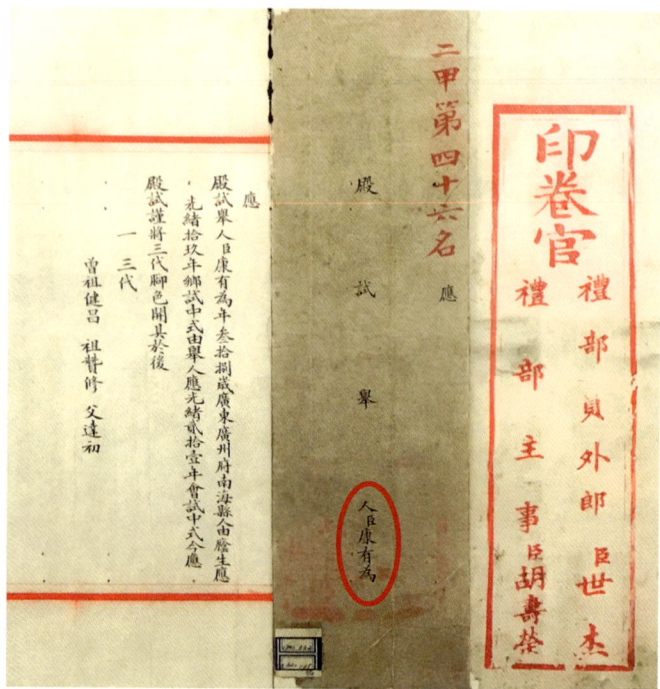

了维持生计，在家里开桌办席，菜单上就是平日自家吃的由家厨改良的宫廷菜。做工精致、用料讲究的家宴让食客们口口相传，从此北京城有了一号山寨版的宫廷菜——谭家菜。

骑车在这一带转了好久，也没找到米市胡同，打听了四五个买菜、推车溜孩子的路人，也没人能说得清楚。最终经一位停车场大姐的指点，找到了一处被铁皮包绕着的工地，大姐说米市胡同早就没有了，施工的地方就是康有为的故居。

不知道康老师的南海会馆还在不在？

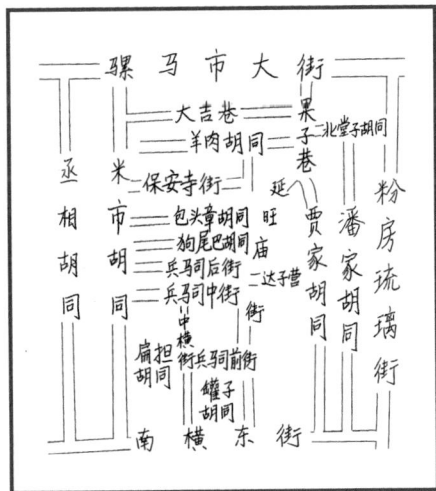

消失的『大吉片儿』

"大吉片儿"是当今的称呼，早年属宣南坊的核心区域，泛指北起骡马市大街、南至南横东街、西自菜市口大街、东到粉房琉璃街这片地界儿，因其中有条大吉巷而得名。2005年之前，大吉片儿内有包括大吉巷、羊肉胡同、丞相胡同、米市胡同、果子巷、兵马司、潘家胡同、贾家胡同等30多条胡同，其中有许多都是金中都时期就有的街巷。这片地界儿内，有七八十家**明清时期的会馆遗迹**、众多**历史名人的故居**，有几百年老**字号的诞生地**和与菜市口法场息息相

关的老店铺，如今，这些满载历史信息的建筑都已荡然无存，取而代之的是一片叫作中信城的住宅小区。

米市胡同北口 37 号在拆除之前是**北京唯一存留下来的老棺材铺**（左上图）。难得的是，胡同对面就是菜市口法场。这家老店目睹了菜市口的腥风血雨，是大清朝法场最后的目击证人。

大吉巷在康有为故居的东侧，曾经叫**打劫巷**：一说早年这里是治安案件高发区，另一说当年这一带的店铺、娱乐场所消费偏高，乡亲们戏称为"打劫"。说法不同，但都属繁华热闹的潜台词。当年大吉巷 1 号住的是"白派"京韵大鼓的一代宗师——白云鹏。22 号院是京剧名家李万春的住所。李先生还在 19 和 21 号院开设了当年名声仅次于富连成的科班——春鸣社。

粉房琉璃街 115 号早年是新会会馆，后被叫作**梁启超故居**。听在院门口摆修车摊的老哥说，他在这院子里住了六十多年，只听说过这里是个会馆，但不知有梁启超在此住过一回事，"梁启超故居"的牌子也被修车的工具箱遮挡住了。直到两年前，院子里还住着三十几户人家儿，如今正在腾退中，只剩下两三户了。院子里荒草丛生，一片人去屋空后的荒凉。

南横东街 109 号是**曾国藩故居**，131 号的会同四译馆是**大清的国宾馆**之一，也是当年琉球、安南等属国来朝见的使者下榻的酒店，属大吉片儿最高等级的建筑。"国宾馆"的东侧是兵马司胡同，南城兵马司就设在胡同里。如今都已经不在了。

专家们经地下钻探和地面考察确认，金中都是在辽南京的基础上扩建而成，大吉片儿里的许多胡同成形于金中都向东扩建的过程中。

贾家胡同里的浦阳（莆田）会馆是林则徐故居，66 号院据说是曾国藩在北京的暂住地之一。清末小说家、《目睹二十年之怪现状》的作者吴趼人，就诞生在这条胡同里。据考证，贾家胡同南北一线就是金中都的东垣，其南口与南横街的交汇处正是当年金中都东垣上三个城门之一——宣曜门的位置。刘宝瑞大师单口相声里说的那位"假行家"，也住在贾家胡同。

粉房琉璃街
115号

　　潘家胡同早年叫潘家河沿，因明朝年间工部尚书潘季驯在此居住而得名，胡同内有襄阳、淮安、江西等 12 家会馆，而流经胡同西侧的那条河，就是**八百多年前金中都东墙外的护城河。**

　　1999 年之前还没有菜市口大街，菜市口胡同（丞相胡同）、官菜园上街和**儒福里**等几条胡同自骡马市大街由北向南依次排列。在福儒里靠近官菜园上街的位置（今健宫医院西门偏北）有一座过街楼。

　　过街楼就是跨街而过的门楼，由城门、城关演变而来，通常建在街巷、山涧、隘口等必经之路或交通要道处。北京城内曾经有三处过街楼，除了儒福里这一座，另外两座一个在地安门外烟袋斜街对面的辛寺胡同，一个在珠市口东侧。至今途经珠市口东大街的公交车还有**过街楼**一站。

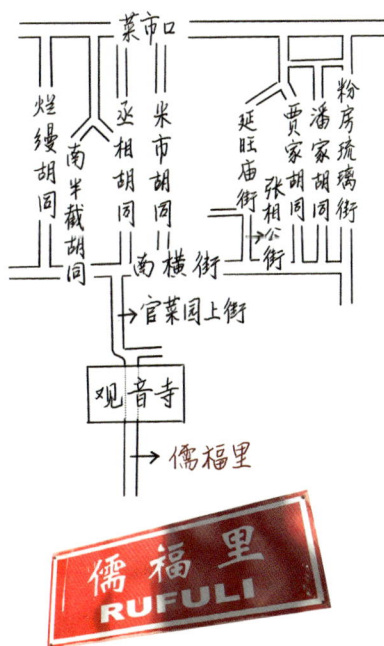

327

"儒福里"这名字与一个叫王席儒的人相关，此人是新中国成立前通县的电话局局长。民国时期，王局长在这里买地建宅，起名如（儒）福里。那座过街楼后来就冠名**儒福里过街楼**。

建于乾隆年间的**儒福里过街楼**，也叫观音寺过街楼，楼子上建有三间神庙。庙内供奉着文昌帝君以及天、地、水三官，也称三官阁。据文献记载，观音寺位于官菜园上街 21 号，其东、西二院分别在儒福里的两侧，过街楼正是连接两院的通道。向南穿过门洞就是儒福里。相传当年菜市口行刑后，通常会把尸体运到观音寺做法事超度。过街楼门洞的南北两侧分别有刻着"觉岸""金绳"的石匾。北京城的乡亲们也一度把儒福里过街楼称作**阴阳界**。观音寺过街楼不仅是历史古物，也是北京城里的一道美丽街景。在老电影《三进山城》和陈凯歌的《霸王别姬》里，都可以看到这个低调、朴实、有内涵，带着老北京气息的过街楼的身影。

1952 年，观音寺的西院办了自新路小学，东院改成北京建筑工人医院。1999 年，在众多专家、媒体"刀下留人"的呼吁中，这座北京城内最后一座过街楼如期拆除。那一年，众多北京人赶往儒福里，和过街楼拍照留念，做最后的告别。

北京的老城区内已见不到过街楼了（门框胡同里如今还有一座象征性的"迷你"过街楼）。如今在北京门头沟和房山等地还可以见到几处残存的过街楼。其中，门头沟龙泉镇的圈门过街楼、琉璃渠村过街楼和军庄镇的过街楼保存尚好，距城里不远，想看的话也挺方便，就在去往妙峰山、京西古道的必经之路上。

宣南

　　1999 年儒福里过街楼拆除之前，市政府曾做出承诺，将对过街楼拆下来的物件逐件登记保存，日后将其复建在万寿公园内。如今已过去 20 多年了……画在胡同墙上的过街楼，还在默默等待自己重见天日的那一天。

早年间，中国没有"公园"一说，有的是颐和园、天坛、北海、景山等皇家园林以及苏州的拙政园、留园等富贵人家的私家花园。

帽儿胡同的"可园"、王府井金鱼胡同北侧如今和平宾馆一带的"那家花园"、什刹海边上的"鉴园"，还有东厂胡同 1 号，荣禄、袁世凯曾住过的"余园"等，都是北京城内仿照江南园林而建的私家花园。那当儿，王公贵族可以在自家园子里的湖光山色中闲情逸致，京城里的乡亲们只能到山野郊外、溪流河边或是寺庙禅院去陶冶情操了。

中国的第一所公园，如今上海的**黄浦公园**是同治八年（1868年）由洋人修建的，直到1928年才对国人开放。1905年，无锡几个乡绅将几处私家小花园合并，在市中心修建了一处小桥流水的园林，对公众免费开放，取名为**公花园**——这也是中国有史以来**第一处由国人自己修建的公园**。据说公花园是在原楚国春申君行宫的旧址上建造的。而与安徽滁州的醉翁亭、湖南长沙岳麓山上的爱晚亭、浙江绍兴的兰亭并称中国"四大名亭"的陶然亭，就是**北京城最早的公园**。

早年间，陶然亭这地界儿是一片荒芜之地，元大都时期在如今公园北门一带有烧砖的窑厂，如今公园内湖心岛的位置上建有一座孤刹——**慈悲庵**。明代定都北京后，在北京建造宫殿、修筑城墙时，设置了"五大厂"。其中，烧制砖瓦的**黑窑厂**就建在陶然亭北门元代旧窑厂的位置。日久天长，因烧窑取土在周围形成许多窑坑和高土坡，陶然亭一带也有了"**南下洼子**"的称呼。当年，在黑窑厂附近的一座土坡上建造了一座祭拜窑神的寺庙，被称作**窑台**。清朝诗人王渔阳就在《黑窑厂登高》中留下了"寒云萧瑟古今哀，携客同登万里台"的诗句。据说如今公园内的"瑶台"一景，就是当年"窑台"的位置，公园北门外也还保留有一条应景儿的窑台胡同。

康熙三十四年（1695 年），一位名叫江藻的黑窑厂"监理"在慈悲庵内盖了一座小亭，作为歇息饮茶之处。取白居易"**更待菊黄家酿熟，共君一醉一陶然**"中的"陶然"二字，取名陶然亭。据说"陶然"二字，就是江藻本人的手笔。黑窑厂废弃后，窑台上办起了茶馆。窑台茶馆迅速成为"网红"，成为乡亲们休闲娱乐、登高望远，文人雅士饮酒、品茶、诗朗诵的去处。进京赶考的举人时常来此小聚切磋，梨园人士平日里也多来这里练功吊嗓。戊戌之年的康有为、谭嗣同、梁启超，新文化时期的李大钊、鲁迅、胡适都在此留下过身影。这片有山有水、有"亭台"的地界儿，虽不及江南的山清水秀，却是北京人的心怡之地，也当之无愧地成为北京城内第一家无冕的"草根公园"。为保护北京城做出巨大贡献的"风尘侠女"**赛金花之墓**就在如今公园的东北角，墓碑现存于慈悲庵内。

1914 年，北洋政府把皇家社稷坛辟为城市公园，当年称中央公园，1928 年改叫中山公园，也是**中国第一家正式的城市公园**。1955 年 9 月，经过重新修建的陶然亭向公众开放，从草根公园转正成为北京的城市公园。

如今，陶然亭公园北门外那条南北向的胡同还叫黑窑厂路。告诉您可别跟别人说，黑窑厂路的那家**黑窑厂糖油饼店**的油饼，据说是全北京最好吃的糖油饼。

広安门桥 广安门内大街 菜市口
①
渗河公园 南线阁街 教子胡同 莲花胡同 南
② ⑤ 烂缦胡同 ⑧ ⑨ 半截胡同
牛街 ⑥ ⑦
枣林前街 南横西街 菜市口大街
西二环
菜园街 白广路 白纸坊 金儿胡同
③ 崇效胡同 ④ 右安门内大街
白纸坊西街 白纸坊东街 自新路
金中都公园 南菜园路 半步桥街 里仁街
大观园 清芝园 开阳桥
菜户营桥 右安门桥

① 辽燕角楼故址   ⑥ 圣万安寺
② 六十六中学   ⑦ 法源寺
③ 崇效寺   ⑧ 绍兴会馆
④ 开阳门故址   ⑨ 谭嗣同故居
⑤ 礼拜寺

南半截胡同

南半截胡同 7 号是建于道光六年（1826 年）的**绍兴会馆**。

1912 年 3 月，袁世凯在北京就任中华民国临时大总统；同年 5 月，在时任教育总长蔡元培的邀请下，鲁迅随南京临时政府教育部迁徙至北京，住处就安排在当年蔡元培赴京赶考时曾住过的绍兴会馆，这也是鲁迅在北京四处住所的第一处。

从 1912 年 5 月入住到 1919 年 11 月离开，鲁迅在这里度过了七年半的光景。自绍兴会馆一路向北，经菜市口、宣武门，如今西单十字路口西南角的教育街 1 号，就是鲁

迅的工作单位民国的**教育部**。鲁迅经常往来的《京报》馆就在菜市口东侧不远的魏染胡同 30 号，其杂文时常在该报发表。《京报》馆向北不到一里地，就是老北京的文化街——琉璃厂，那是鲁迅平日里最喜欢去的地力。

新文化运动期间，钱玄同、蔡元培、刘半农都是绍兴会馆的常客，鲁迅就是在会馆的"朴树屋"里，写下了中国第一篇现代白话小说《狂人日记》，以及《孔乙己》《药》等影响了几代国人的传世作品。

《狂人日记》于 1918 年 5 月在《新青年》杂志上首次发表，也是"鲁迅"这个笔名被首次使用。关于这个笔名，据鲁迅的好友许寿堂先生回忆，鲁迅自己解释为**"愚鲁而迅行"**之意。

宣南

如今，绍兴会馆已腾退完毕，院内的违建基本都已拆除，露出了院落原来的结构。复建的日子似乎不远了。

安静的胡同里，一对鸽子正在屋顶上享受着悠闲的午后时光。

胡同儿里的溜达

北半截胡同

早年间，半截胡同不分南北，北起广安门内大街、南至南横西街；自清朝起，分成南北两段；北半截胡同的南端分成两叉，一路接南半截胡同，一路汇入丞相胡同。

从前，胡同里有江苏、湖州、四川、吴兴、潼川、浏阳等多家会馆，江苏会馆的前身就是严嵩的别墅——**听雨楼**。胡同南端的 53 号是北京"八大居"之一的**广合居**，据说鲁迅是这里的常客。

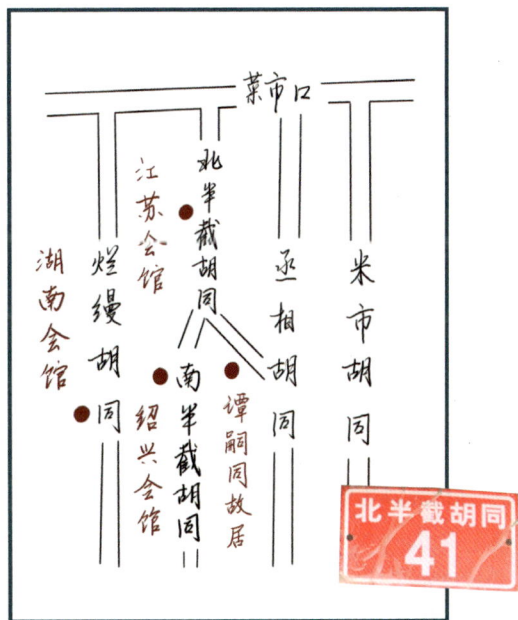

菜市口

江苏会馆

北半截胡同 ●

丞相胡同

米市胡同

湖南会馆

烂缦胡同

南半截胡同 ●

绍兴会馆 ●

谭嗣同故居 ●

北半截胡同
41

北半截胡同今已不在，只有 41 号**浏阳会馆**保留下来，门前就是车水马龙的菜市口大街，当年与康有为的南海会馆隔街相望。浏阳会馆的北屋就是**谭嗣同**的"莽苍苍斋"，这里也是维新志士们商议变法的场所。光绪二十四年（1898 年）9 月 24 日，谭嗣同就是坐在莽苍苍斋等候着前来抓捕他的清兵。

如今院子已经腾退，莽苍苍斋在准备重建中。其实对于古迹来说，最好的保护就是最大可能地保留原貌，那些崭新的"故居""旧址"就像东北人做的"老北京炸酱面"、广东人做的"西安泡馍"，怎么都觉着不是味儿。

谭嗣同（1865—1898 年）出生在浏阳会馆西边的烂缦胡

同，是根红苗正的官二代，其父谭敬甫官拜湖北巡抚兼两广总督。在进步思想的影响下，谭嗣同一度追随革命党，准备以闹革命的方式推翻大清的统治。直到遇到康有为、梁启超，接受和认同他们以非暴力的"**变法**"拯救中国的理念并置身其中。其间，谭嗣同还被光绪授予了四品卿衔。变法失败后，康有为早早儿地坐火车去了天津，谭嗣同也有足够的时间离开。"百日维新"的失败让谭嗣同认识到"变法"之路不通，拯救中国还要靠天翻地覆地闹革命。就在这一刻，他做出了自己一生最重要的选择。他来到日本领事馆，告诉准备出国避祸的梁启超他的决定——留下！

　　"你怎么这么固执！留下来做牺牲品，究竟有多少积极的意义？"

"我愿意做殉道者，为你们开道，用一死告诉后来的人，从今以后想救中国只有一条路，就是革命。"（李敖《北京法源寺》）

梁启超的声嘶力竭没能劝阻谭嗣同的斩钉截铁，谭嗣同一意孤行，留下的是那句"**我自横刀向天笑，去留肝胆两昆仑**"。

谭嗣同渴望一死。**理想和责任**让他要以自己的热血唤醒中国的民众；**执着和情怀**让他决心以死来告诉留下来的梁启超和革命党：改良行不通，必须闹革命。除此之外，作为一个男人，为报答光绪帝对自己的知遇之恩而赴死，是他的**侠骨**；为了不因自己出走给家人留下后患而赴死，是他的**柔肠**。

或许在"去留肝胆两昆仑"中，他想说，他就是那个"**去**"，梁启超和革命党就是那个"**留**"。他们都是堂堂的昆仑，是拯救中国的英雄。

谭嗣同死后的第 12 年（1911年）是辛亥年，革命党在湖北闹了革命。1912 年，宣统皇帝退了位。

牛街是北京最大的回民聚集区，除了有北京最地道清真小吃，牛街清真寺也是北京规模最大、历史最久远的清真寺。

牛街清真寺建于辽统和十四年（996年），距今有千余年了。从那时起，牛街这一带就开始有穆斯林汇集，不过那当儿还没有"**牛街**"这个名字。

牛街这片地界儿在唐朝属幽州城内的交通要道，金中都扩建时，把"西湖"（今莲花池）的水引入城中。当年，这一带曾有一处柳树环绕的湖泊，牛街一带那时候叫**柳湖村**。

据《旧唐书》载，唐永徽二年（651 年），阿拉伯第三任哈里发奥斯曼派遣使者来大唐朝贡。此后，随着大量阿拉伯商人和留学生的涌入，伊斯兰教开始在大唐传播，不过那当儿也还没有"回族"一词。

蒙古人西征（1219—1260 年）带回了大量被称作**色（shǎi）目人**的阿拉伯、波斯及中亚地区的俘虏和追随者。这些色目人和西北、中原等地的民族融合后，才有了如今的**回族**。而众多的回民也正是在这一时期进入了元大都。柳湖村的回族乡亲们在这一带种植了大量来自波斯和西域的石榴、枣树，这一片的街道后来就被叫作**榴街**、枣林街。

"枣林街"一名保留至今，因这里贩卖、饲养牛羊的缘故，榴街后被改叫为牛街。据说当年八国联军攻占北京后，一路烧杀抢掠，牛街的百姓和清真寺没有受到更多的侵害，缘由就是八国联军的雇佣军里有众多穆斯林士兵。

　　再后来，随着穆斯林民众和将士日渐增多，北京城内先后设置了多处回回营，其中最有名的一处就是相传乾隆皇帝为了排解香妃的思乡之苦，在中南海对面，如今的东安福胡同兴建的维吾尔族回回营。

　　古朴、肃穆的牛街礼拜寺，让人在闹市中感受到了一分宁静。

北京人常说：北京小吃看宣武，宣武小吃看牛街。实际上，北京的小吃绝大部分都是清真小吃，牛街就是北京清真小吃的发源地。随着岁月流逝，许多品种已经失传，但牛街依旧是北京"小吃界的扛把子"。

街上小吃店的外卖窗口时常有顾客排着长队，等着下一拨儿将要出炉、出锅的吃食。平日里，勤俭节约的大妈大爷们坐着公交车来这儿，糖火烧、牛肉火烧、牛肉包子都三四十地往家买，彰显与平日里大相径庭的购买力。每逢过年过节的大日子，这里更是挤满了四九城各处赶来置办年节货的乡亲们，喜庆热闹有气氛。

胡同儿里的溜达

"白记年糕"的驴打滚、**年糕**；"洪记"的**牛肉包子**、**牛肉粒**；"大顺斋"的**糖火烧**、"满记"的**烧饼**；"伊宝"的**甑糕**；"宝记"的**豆汁儿**、**炒红果**；"祥云轩"的**门钉**；"爆肚满"的火烧**夹烧牛肉**、**烧羊肉**；"聚宝源"的**涮肉**；想吃正宗的**清真大餐**，就去牛街北口6号的吐鲁番餐厅；想买清真的主食、副食、零食、半成品，直接去牛街5号的**清真超市**，一准儿齐活！

说不过来，得空儿您自己过去溜达溜达吧！

枣林前街

延寿寺和北宋的末代皇帝

牛街南口的西侧是枣林前街。在枣林前街的南侧，有一条拆得只剩半条崇效的胡同，胡同里的白纸坊小学（9号）的位置，曾是一座建于唐代贞观元年（627年）的寺庙——**崇效寺**。据《光绪顺天府志》记述，崇效寺周边曾经环植枣树千株，清初学者王士禛由此为崇效寺另取别名**枣花寺**。那当儿，每逢5—7月的花季，这里便是蜂蝶飞舞、枣花飘香。

在复原的辽南京、金中都地图上，都刻意标出了崇效寺的位置，可见崇效寺不仅在当年名声显赫，也是辽南京、金中都重要的地理坐标。

历史上的崇效寺一度以种植花卉著称，尤以绿、墨牡丹闻名京城。林则徐、康有为、梁启超、鲁迅都曾到此赏花观景。听胡同里的一位老人说，他也曾见过寺里的牡丹，这里的黑牡丹后移植到了景山公园。

如今，崇效寺已经不在，只剩下一座藏经阁还保留在小学内。校园里还有两株粗大沧桑的楸树，相传都是崇效寺遗留的古树。楸树在北京存量稀少，据说只有二三十株，仅见于故宫等皇家园林。每逢暮春时节，楸树都会结满淡紫色的小花，学校也因此将校庆日命名为**楸树节**。

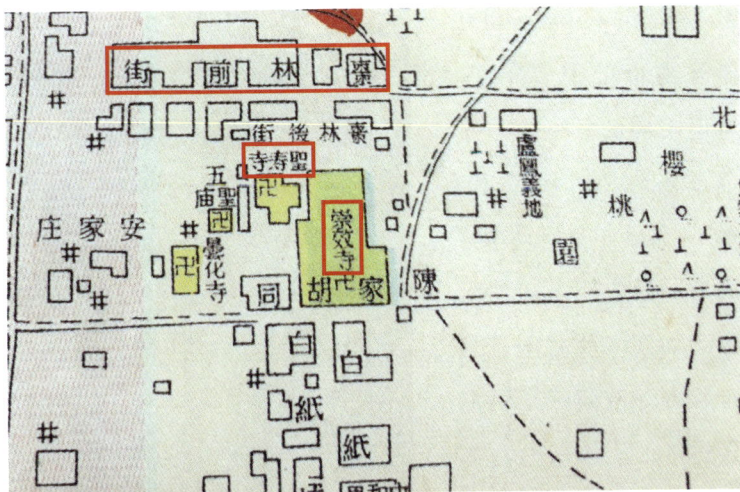

枣林前街至今有千余年的历史了。辽金时期，枣林前街最知名的是一座名叫**延寿寺**的古庙。据《宸垣识略》所记，此庙始建于东魏元祥象元年（538年），重建于辽代，金中都初期曾一度作为皇宫，称延寿宫。经专家考证，崇效寺北边不远处，如今的**枣林前街111号**是北京六十六中学，就是当年的延寿寺的位置。

过去，北京城曾有三座延寿寺，另外两座一个位于米市胡同与迎新街之间（已无存），一个在琉璃厂东侧的延寿街（今余家胡同1号）。曾经有一种说法认为，琉璃厂的延寿寺是当年囚禁宋徽宗地方，后经专家考证，此寺建于明代正统六年（1441年），

距宋徽宗（1082—1135年）离世已很多年了。米市胡同的延寿寺建于金章宗泰和二年（1202年），是金中都皇宫东移之后，为取代之前的延寿寺而建。明代时，这座延寿寺改建成了南城兵马司。

靖康二年二月（1127年1月9日），金国的战马攻破了汴京（开封），俘虏了宋徽宗、宋钦宗二帝，北宋就此亡国，史称"靖康之难"。五月十八日，宋徽宗由汴京押解至一年多前还被称作辽南京的燕京（金灭辽后，改叫燕京），被囚于枣林前街的延寿寺。这或许也是这位北宋皇帝第一次踏上这块本应属于他的土地。七月十日，正值枣花飘香的季节，押解宋钦宗的一行人马也到达燕京。钦宗被关押的地方就在延寿寺东边不远处的悯忠寺（今法源寺）。一对父子亡国之君就这样咫尺天涯。同年九月，徽、钦二宗由燕京继续北行，被押往金上京会宁府（哈尔滨阿城）。

北京城，枣林前街，就这般与北宋的末代皇帝有了一段尴尬的不期而遇。

牛街的南口是一个十字路口，北边是牛街，南边右安门内大街，西边是枣林前街，东边是**南横西街**。早年的南横街，西起牛街、东至虎坊路，是南城最长的老街。1999 年，菜市口大街扩建时，将南横街从中间断开，才以菜市口大街为界，有了"东""西"之分。

和枣林前街一样，南横街也是一条有着千余年历史的老街，当年曾是辽南京和金中都的主要街道。经专家考证，如今在复原的辽南京和金中都地图上，金中都宫城东垣的宣华门通向大城宣曜门的东西通

辽南京·金中都大致平面图
（虚线为辽南京　实线为金中都）

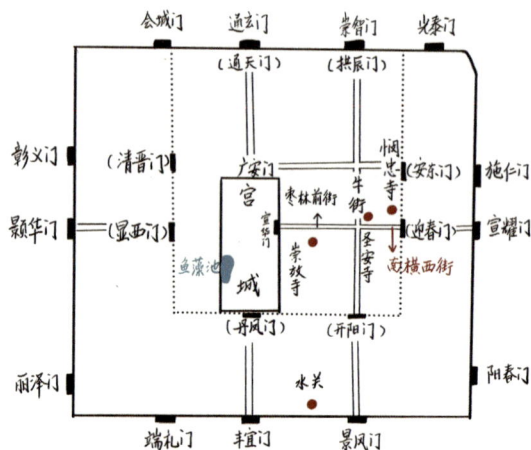

衢，就是如今枣林前街和南横街一线。而与其相交，连接景风门与崇智门的南北通衢，就是如今右安门内大街、牛街、长椿街一线，牛街南口正是两条交通枢纽的交汇处。一千年前，契丹人和女真人的车马曾经在这个繁华的街口东来西去、南来北往。

南横西街 11 号早年为粤东新馆。戊戌变法时，康有为、梁启超等人在此召开保国会成立大会，后成为南横西街小学校址；15 号为（安徽）泾县新馆，如今这两处建筑都

已无存。南横西街 103 号是中国伊斯兰教经学院，也是中国伊斯兰教协会的会址。

金代古刹**圣安寺**位于南横西街的西口路北，史料记载圣安寺建于金天会年间（1123—1135 年）。还记得牛街的别号柳湖村吗？圣安寺那当儿也因寺外那处柳树环绕的湖泊，被称为柳湖寺。当年，圣安寺不仅是皇家宗教活动的重要场所，于宗教界地位十分显赫，同时也是在确定金中都旧址过程中极为重要的地理标志。而作为一个朝代的痕迹，圣安寺也是**金中都给北京留下的仅有几处地表建筑之一**。

当年，圣安寺内的一尊木雕旃檀佛像，如今保存在故宫的宁寿宫；一座瑞像亭已迁至陶然亭公园西北角的山顶；还有两块绘有佛像的石碑，如今保留在法源寺。圣安寺原址仅存的天王殿和山门均已翻新重建，如今这里是回民幼儿园。

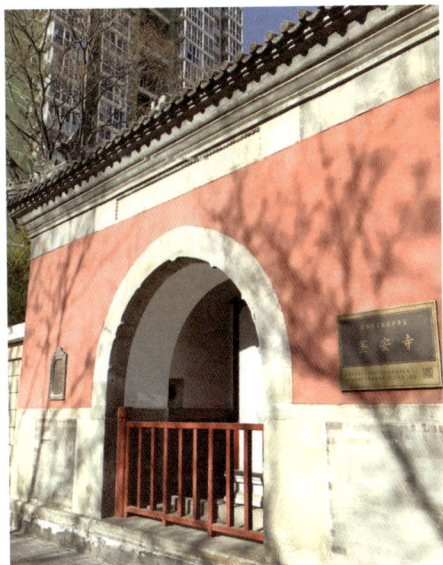

南横西街西边有金代的**圣安寺**；东边有唐太宗李世民领兵亲征时，在此修建的**悯忠寺**，以及辽东安门故址；枣花飘香的崇效寺和囚禁过宋徽宗的延寿寺，分别在枣林前街的南北两侧；北边有元大都时就形成的穆斯林聚集区——牛街和南线阁北口的**辽燕角楼故址**；南边右安门内大街和白纸坊街的交汇处有**辽开阳门旧址**；金中都水关遗址在不远处右安门外的玉林小区。

这片充满穿越感的街区，不仅是契丹人和女真人曾经的十字路口，更是北京城沧海桑田的演变中，朝代更替、民族融合的历史见证。

南横东街

"小肠陈"

　　南横东街的北侧有一条近乎被拆完的胡同，名叫迎新街。迎新街原本由延旺（阎王）庙街和张相公庙街两段组成，早年南城兵马司的衙署就在迎新街西侧的兵马司胡同里，如今胡同已基本拆没了，只剩下迎新街100号的一个住户。北京"卤煮界的扛把子"——**"小肠陈"**的老店当初就开在迎新街的南口。

　　说起北京的小吃，若娓娓道来的话，兴许能数出百十来钟。但细论起来，其中的大多数从口感到味道与其他地方小吃多少有几分雷同。如果定要找出几种口味独特，既声名远扬，又让北京人有不露声色的自豪感的吃食，恐怕

非豆汁儿、炒肝儿和卤煮莫属了。

在百度上搜索"卤煮火烧"，映入眼帘的词条就是："卤煮火烧是北京传统特色小吃，起源于北京城南的**南横街**。"

关于卤煮火烧的起源，有不同的版本之说。通常的说法，卤煮火烧属于山寨版的**苏造肉**。苏造肉指源自苏州的一种卤制五花肉，早年是富贵人家儿的吃食，经民间改良后，用成本低廉的肠子、肺头等下水替代五花肉，就有了平易近人的卤煮火烧。

另一个说法，这二者没有交集，卤煮火烧属老北京自主研发的吃食。起初，只有猪肠子和炸豆腐，唤作"小肠炸豆腐"，后在此基础上加入肺头等下水和火烧，也有了"卤煮小肠""卤煮火烧"的称呼。据说，"小肠陈"的后人也认同这个说法。

宣南

实际上，从吃法到卤制过程看，这二者也不尽相同。苏造肉是把卤制好的五花肉夹在荷叶饼里吃，卤煮火烧是连汤带料地搁碗里。此外，为去除下水的异味，卤煮火烧在制作过程中，要比苏造肉加入更多佐料，据说其中还有苏州人炖肉时通常不会用到的豆豉。

民国年间，打爷爷辈儿就开始做卤煮小肠的河北三河邵府村（现属廊坊）人陈玉田，在珠市口西侧开了家卤煮的买卖，生意红火。据老爷子回忆，当年梅兰芳、谭富英、张君秋、新凤霞等大腕儿散了戏后，经常会来碗卤煮当消夜。

1956年公私合营后，陈玉田被安排在南横街东口路北的燕新饭庄，掌灶卤煮火烧。据说当年店里的卤煮火烧只有晚饭点儿才有，但时常下午三四点钟就有人拿着锅、盆来这儿排队候着。

1989年，老爷子和女儿一起在南横街中段，如今的迎新街胡同南口，租了间门面，重拾旧业并第一次使用了"**小肠陈**"的名字。从此，"小肠陈"成了京城卤煮火烧的代言人，后因修路，

店址迁到如今的南横东街194号的位置。如今，"小肠陈"这一脉在北京有了多家分号。同样受乡亲们追捧的**"陈氏卤煮""振起卤煮""陈家卤煮"**和**"陈亨卤煮小肠"**各脉，据说也都是陈老爷子家人的买卖。"小肠陈"家族是京城卤煮界当之无愧的"扛把子"。

传统的卤煮火烧只有小肠、肺头、炸豆腐、火烧四样，两三尺口径的大锅，锅里是翻滚的卤汤和下水，锅边一圈是半浸着的死面火烧。火烧切"井"字，炸豆腐切三角，小肠和肺头切小块，浇上一大勺滚开的卤汁，韭菜花、酱豆腐、辣椒油、香菜自己添，蒜汁儿是必须的。热气腾腾的一大碗，冬天里热补，夏天里透汗，再配上花生米、二得子[①]，估计就奔着后半夜去了。

"小肠陈"重新开张后，在传统的基础上还推出了卤煮锅子，除了"老四样"，还添加了白肉、猪肚、猪心和配菜，摆得层层叠叠，从卖相到口味都比碗装的要好。记得有一年请一位外地来的朋友在安定门外的**外馆斜街**吃了次"小肠陈"锅子，从那以后，朋友只要来北京就直奔"小肠陈"，"他乡遇故吃"去了。

"小肠陈"不仅是种吃食，也是北京人回忆中的那段城南旧事。

---

① 二得（dēi）子：北京人对二锅头酒的昵称。

幽州城大致位置示意图

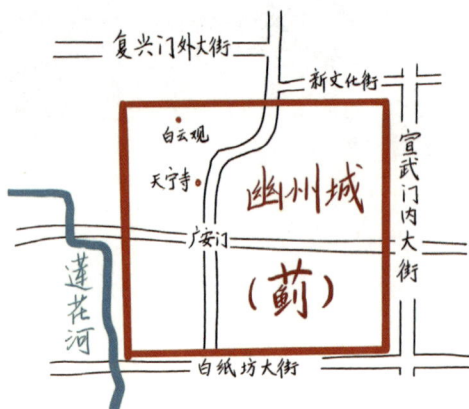

据孙承泽的《春明梦余录》载："**法源寺位于幽州城东南角，初建于 645 年，旧'悯忠寺'**"。这是史书中为数不多的有关幽州城地理位置的记载，法源寺也由此成为确定幽州城旧址的重要地标。后经考古发掘推断认证，唐幽州城的**东垣**在烂缦胡同偏西的南北一线，**西垣**在白云观西侧的小红庙南北一线，**南垣**在今里仁街东西一线，**北垣**原在头发胡同一线，其北侧的受（臭）水河胡

同一线，就是当年的护城河。

法源寺在南横西街的北侧，山门开在**法源寺前街**7号，中国杂技团也在这条街上。午后的暖阳里，老邻居们三五成群地聚在寺院门前，一片和谐社会其乐融融的景象。

眼前的一幕似乎让人淡忘了，曾几何时，这座胡同深处的古老寺院见证、承载了中国历史上那几段悲壮的苍凉。

从李敖的《**北京法源寺**》开始吧：那是八月十六……黑衣人谨慎地走向甘石桥（明朝那当儿刑场在西单），月光下把一具尸体装进袋子……红墙的尽头，一位和尚站在中间："佘先生肯在这样时候收尸，真是人间的大仁大勇。"黑衣人作了揖"法事就全委托给法师了"……迈步出门口，有人问："这庙叫什么啊？"黑衣人回身一指，正门头上三个大字"悯忠寺"……

悯忠寺就是法源寺，黑衣人是死者家的仆人，死者就是刚刚被凌迟处死的袁崇焕。

贞观十九年（645年），唐太宗李世民东征高句丽惨败而归，途经幽州，下旨修建一座寺庙以告慰阵亡的将士，并赐名悯忠寺。"悯忠"二字也宿命般地让这所寺院日后的晨钟暮鼓和丁香花树之间弥漫着淡淡的凄凉。

天通元年（696年），悯忠寺完工；59年后，爆发了"安史之乱"（755—763年），安禄山、史思明先后在寺院内建了佛塔，史思明还为安禄山立了歌功颂德的石碑，如今这石碑还在法源寺内。盛唐正是从这时起，开始走向衰败。

大辽国时期，幽州是契丹人的地界儿，悯忠寺一度是契丹人接待北宋觐见使臣的招待所。

靖康二年（1127年），金人在掠获徽、钦二帝返回金上都途中，钦宗就一度被囚禁在悯忠寺。苦命的钦宗被老爸甩锅后，只当了一年皇帝，却做了三十多年的囚徒，最终死在异地他乡。

谢枋得是南宋宝祐四年（1256年）与文天祥等人同科中进士。元灭南宋后，鉴于谢枋得的威望，朝廷多次召他出仕，都被他严词拒绝。在被强行带至元大都后，1289 年 4 月 25 日，绝食五天的谢枋得尽节于悯忠寺。谢枋得祠如今位于法源寺后街 5 号。

崇祯三年（1630 年）农历八月十六日，袁崇焕被凌迟于西单，**佘姓家人**冒死把袁崇焕的尸骨偷回，在法源寺为其超度。忠心耿耿的佘家人把袁崇焕安葬在崇文门东花市，并为其守陵，这一守就是整整 390 年。2020 年 8 月，第 17 代守墓者 81 岁的佘幼芝老人去世，老人的儿子先老人而去，这一脉忠厚善良之家就此与袁崇焕挥手道别。

清雍正十二年（1734 年），该寺被定为律宗寺庙，传授戒法，并正式改名为法源寺。

在李敖的《北京法源寺》里，光绪二十四年（1898 年）的一个下午，两个志同道合、心怀报国之志的年轻人在法源寺相识，其中一个叫谭嗣同，另一个叫梁启超。戊戌变法失败后，"六君子"在菜市口英勇就义，谭嗣同的灵柩一度就停放在法源寺。

让人心绪有些不能释怀、弥漫着悲凉的法源寺，好在还有一院子的丁香。每到丁香盛开的时节，文艺青年们纷纷来此赏花、饮茶、对对子，日渐有了名噪一时的"**丁香诗会**"，纪晓岚、林则徐、龚自珍等名流都曾来这里"打卡"，对过对子。1924 年 4 月，印度大咖泰戈尔也曾在林徽因、徐志摩的陪同下，来法源寺参佛礼拜，赏花寻景。

不知林徽因的《你是人间四月天》里，有没有丁香花带来的灵感？

南线阁街

辽南京遗址

南线阁街，北起广安门内大街、南至枣林前街，是一条与牛街平行的南北向街道。南线阁北口的东南角，有一堂两柱一间的大理石牌楼，这里就是**辽燕角楼故址**，南线阁名字的由来就与燕角楼有关。

契丹人的起源来自一个骑白马的英俊少年和一个乘青牛的美丽少女一见钟情的动人传说。

936 年，契丹人吞并了幽云十六州，938 年北京设为陪都，由于此地在辽上京**临潢**（今内蒙古巴林左旗）之南，故称为**南京**，辽南京后也被称作析津府。据说石景山的**古城**地区，就是当年析津府的政府所在地。

辽南京是在唐幽州城的基础上修建而成，也是辽国五个都城中规模最大的一个。这里不仅是掌控幽云十六州政治中心，也是契丹人实施农耕与游牧"一国两制"分割管理的基线。更是依托这个平台，契丹人开始向长城以南进行军事扩张，最终于 1004 年在黄河岸边与北宋签订了"澶渊之盟"。宋辽的边界就设定在如今以箱包制造业闻名的河北**白沟**一线。直到 1125 年，辽国被曾经臣服于自己的女真人（金）所灭，契丹人在这里生息了近200 年。与此同时，如今河北邯郸的**大名府**，被北宋王朝唤作北京。

当年，辽南京的皇城（内城）在大城的西南角，今南线阁北口就是皇城东北角的燕角楼所在，是当年辽南京皇城东墙和北墙的交汇处。燕角楼也叫燕阁，后被乡亲们叫成了线

辽南京大致平面图

辽
燕角楼故址

阁，也就有了"南线阁""北线阁"之称。

今天，辽南京的地标还有两处：一处是位于广安门大街南侧，西砖胡同北口的辽南京**东垣**的城门——**辽安东门遗址**；另一处是右安门内大街和白纸坊街交叉路口西北角的草丛里一块刻有"**辽开阳门故址**"的石碑，此处为辽南京**南垣**的城门——开阳门的位置。当年开阳门的正南对着如今南二环上的右安门

桥，右安门桥东边的那一座桥，如今取名**开阳桥**。

辽国的南京城已无迹可寻，不过如今的北京还可以看到契丹人留下的印迹：

辽天禄五年（951年）建西山**龙泉寺**；初建于唐代的悯忠寺（**法**

源寺）毁于地震，辽咸雍六年（1070年）修建成如今的模样；辽天庆九至十年（1119—1120年）建天宁寺塔；北海公园琼岛的前身是契丹人在南京城外修建的瑶屿行宫；戒台寺虽初建于唐，但迄今为止是北方地区辽代佛塔、戒坛、经幢等罕见的佛家珍品文物保存得最多最全的寺院；还有房山云居寺内的北塔、中山公园内的兴国寺……

曾经辉煌的契丹人不仅建立了辽王朝，并且在西征扩张的途中，占据了中亚、西亚及俄罗斯的大片领地，以至俄罗斯、中西亚等国一度把契丹认作中国的正统王朝。16世纪之前，英国、西班牙、葡萄牙等国也都把中国称作"契丹"，至今俄语的"Китай"（中国）就是"契丹"的意思。

经专家考证，如今的**达斡尔族**和生活在云南的**本人**（也称蒲满人）是当年契丹人的后裔，据说他们至今还保留着一幅《**青牛白马图**》……

白纸坊（上）

自明代沿用至今的坊名

坊，是早年间城市内的一种街区编制。元大都时期，北京城划分为 50 个坊，明朝时合并为 36 个坊。嘉靖年间，北京南城分作 8 个坊，白纸坊、宣南坊就包含其中。**白纸坊**和金融街里的**金城坊**，就是自明代沿用至今的坊名。

白纸坊把着外城的西南角，就是今天北起枣林前街、东至右安门内大街以及南二环和西二环围成的一片地界儿。元朝的时候，这里有官办的造纸作坊，用以生产朝廷公文用纸。伴随着明永乐迁都，许多南方移民涌入北京，打那时起这一带聚集了众多南方人开办的民间造纸作坊，"白纸坊"也由此得名。据说当年北京城市面上的"豆纸"（手纸）都出自此地。

宣南

白纸坊西街23号原为清朝的**度支部印刷局**，始建于光绪三十四年（1908年）。辛亥革命后，改称国民政府财政部印刷局，后来叫北京印钞厂。

三百六十行，行行出祖师，纸行供奉的祖师爷是**蔡伦**。早年，白纸坊的祖师庙就在北京印钞厂的对面，每逢**农历三月十七**祖师爷生日这一天，男女老少都穿戴立整，在祖师爷塑像前焚香叩首。此外，还会支长桌、搭舞台，连给祖师爷庆生带丰富自己的物质精神生活。日子久了，这里还形成了一档有舞狮及锣鼓表演的花会节目。当年还留下一句"白纸坊两头翘，狮子挎鼓莲花落"的老话儿。后来祖师庙拆了，改成了白纸坊百货商场，再后来变成了"天外天"烤鸭店。

白纸坊（下）
一个王朝的背影

西二环白纸坊桥南侧的护城河西岸，有一处**金中都公园**。2003 年，宣武区政府在此处立了一座**北京建都纪念阙**，为的是纪念北京建都 **850 周年**。北京在历史上真正成为一个王朝的首都，就是从女真人在这里建都开始的，那一年是公元 **1153 年**。

这座矗立在大安殿遗址上的纪念阙让人依稀想起，曾几何时有一只来自北方草原的游牧民族在这里立都建业，在近一个世纪的光景里，掌控着华夏大地的半壁江山。这支来自**白山黑水**之间的民族，曾被人们称作**肃慎**（商周时期）、**挹娄**（汉代）、勿吉（南北朝）、靺鞨（隋唐），五代十国（902—979 年）之际，改叫**女真**，意思是**东方之鹰**。

1115 年，女真人摆脱了契丹人的控制，在北方草原立国，国号为金（1115—1234 年）。一心想要从契丹人手里夺回幽云十六州的北宋王朝，这当儿做出了一个让自己抱憾终身的决定——联金灭辽。大喜过望的金国骑兵在北宋的配合下，灭辽之后马不停蹄地攻陷了北宋都城开封府。这一年是公元 1127 年，史称"靖康之耻"。金国人把北宋与辽国的分界线（山西雁门关至河北雄县、白沟一线）向南延伸了 900 公里，以秦岭淮河一线为界，又一次开始了华夏大地南北分治的时代。

1153 年，女真人将上京从**会宁府**（黑龙江阿城）南迁至燕京，改燕京府为**金中都**。北京也正是从这一刻起，**第一次成为一代王朝的首都**，历经元明清三朝，至今有 869 年了。

经专家考证，金中都是在辽南京城基础上扩建而成，都城的东南角在今北京南站以西的**四路通村**；东北角在今宣武门**新壁街**附近；西北角在军事博物馆南侧的皇亭子一带；西南角在西三环丽泽桥东南的**凤凰嘴村**、西二环内侧的南滨河路，基本上就是金中都的中轴线。

金中都水关（由城内向城外排水的设施）遗址，位于今丰台区右安门外凉水河北岸。菜户营桥北侧西二环外的鸭子桥一带是金中都顶级的娱乐中心——鱼藻池（太液池）。据说当年湖中有个小岛，是皇帝赐宴群臣的场所。如今**鱼藻池旧址**已变成工地，从门缝里只能看到一片推平的空场和几辆停放着的货车。

金中都大致位置示意图
（红线为今北京城地图 黑线为金代地图）

会城门曾经是金中都北垣的一座城门，旧址早已不在，会城门如今用作了军事博物馆一带的立交桥、地铁站和小区的名字。金中都南垣有一座丰宜门，不远处有座拜交台，"丰台"这一地名据说就是由"丰宜门外拜郊台"而来。拜交台的位置就在如今玉泉营立交桥南边的镇国寺村，据说民国的时候台子还在。而金大定二十九年（1189年）在卢沟河（永定河）上修建的那座**卢沟桥**，则是女真人那段远去的峥嵘岁月的回忆。

见过了北宋都城汴梁的繁荣，女真人在建都时也极尽奢华，据说彩色琉璃瓦的大规模使用就是打金中都这儿开始的。北海公园**琼岛**上的那些太湖石，是当年修建行宫从杭州西湖运过来的，而今国宾馆"**钓鱼台**"之名就与金朝第六个皇帝金章宗完颜璟当年垂钓的鱼塘有关。

金章宗还修建了包括香山的**双清别墅**，西山**大觉寺**在内的**西山八大水院**。"燕京八景"据说就是金章宗的原创。马背上骁勇善战的女真人，也有浪漫文艺的一面。

　　幸福的时光总是不长久。1234 年，在不长记性的南宋与蒙古人联手夹击下，一代"东方之鹰"就此告别了历史的舞台，绝尘而去。45 年后，大宋再一次"情理之外，意料之中"地被前盟友所灭。

　　北京西南房山**云峰山**脚下是金朝的皇陵，有 17 位金朝皇帝安葬于此，如今地面的建筑已经荡然无存。

半步桥的戏说

白纸坊东街的南侧有一条 1919 年由在押犯人修建的马路，为了表示悔过自新，取名**自新路**。关押犯人的监狱，就是电视剧《新世界》里那座**京师第一监狱**。1946 年 3 月，戴笠在飞机失事的几天前就在这里秘密提审了川岛芳子。1948 年 3 月，川岛芳子于京师第一监狱被枪决。如今，这里是一个叫清芷园的小区。

"监狱"的西侧有一条名叫**半步桥**的街道。坊间相传，当年犯人由桥上经过，因为戴着脚镣，只能半步半步地走，因而有了"半步桥"之称。实际上，"半步桥"一名在光绪年间就有了。光绪十一年《顺天府志》就有载："里仁街在右安门东

北……迤西曰半步桥。"明清时期,这一带多沟渠、菜地,为行走方便,菜农在常走的沟渠上架一石板,乡亲们称之为"半步桥"。后一种说法虽是真实版本,但听起来有些索然无味。而那个犯人戴脚镣蹒跚而行的版本似乎略带神秘,更有画面感,是走过路过的客官们更愿意接受的"戏说"。

曾看过马未都先生的一个讲座,其中说到那首脍炙人口的**"月落**乌啼霜满天,江枫渔火对愁眠。姑苏城外寒山寺,**夜半**钟声到客船",有被后人加工的嫌疑。理由其一就是"月落"意味着天将放亮,太阳快出山了,客船上似乎不应再听到"**夜半**"

的钟声；其二是他在上海博物馆的一个瓷枕上见过一首类似的诗，前两句是："**叶落**乌啼霜满天，江边渔父对愁眠。"

　　古往今来，听过的、读过的那些人、那些事里，不知有多少是被我们心安理得地接受了的"戏说"。

宣南

广安门（上）

京城的咽喉要道

广安门是北京外城西垣的城门，从前叫广宁门。道光年间，因"宁"字犯了道光帝名字"爱新觉罗·旻宁"的忌，改叫广安门。

据清《燕京记》载："外城七门，面向西者广宁门，西行三十里卢沟桥，过桥四十里即是良乡县，为各省**陆路进京之咽喉**。"那当儿，南方、西北各省陆路进京的官员、举子、商贩、走卒之众一概沿太行山麓北上至宛平城，经卢沟桥由广安门进入京城。广安门也由此成为进出京城的咽喉要道。

清朝年间，北京城里拢共有五条国道级别的石板路，其中**朝阳门到通县**、**朝阳门到北小街**这俩是为运送粮食、木材等大宗物资修建的通道，**西直门到颐和园**这一条属皇家的私人订制，**前门到永定门**一条是专为皇帝每年一度到天坛、先农坛祭拜所修的御道，还有一条就是**广安门至卢沟桥**的这条**官道**。

广安门内、外大街从前叫彰仪门街。有专家考证，这条街也是唐代幽州城内最热闹街道檀州街的一部分。当年，街道两侧除了大小买卖、各种营生，还有广安胡同内天不亮就开张的**晓市**、教子胡同口的**粮市**、长椿街口的**土地庙会**、菜市口的**菜市**、**骡马市**以及会馆、教堂……彰义门街终日里车水马龙，成帮结伙的"拉骆驼跑城儿"的商队也成为北京城一道独特的风景。

宣南

　　出了广安门是西客站，再往西是六里桥。从六里桥一路向西，就是如今的 G4 京港澳高速（原京石高速）。不知是否有人还记得，在这条终日里熙熙攘攘的高速公路下面，曾有一条用石板铺成的"国道"。两个时代、两种速度，马达的轰鸣和悠扬的驼铃声就这样穿越时空，在这里相遇了……

广安门（下）

北京的起源

　　一个民族不能够忘记自己的历史，一个城市也不应该忘记自己的起源。以历史、地理学家侯仁之先生为首的专家们，通过对《水经注》等史料的分析，以及从 20 世纪 50 年代的考古发掘中推断，北京的起源——**蓟城**，就在如今广安门一带。

　　1995 年，广安门滨河公园内立了一座**蓟城纪念柱**，纪念北京建城 **3040 周年**（前 1046—1995 年）。"北京建城记"的石碑上刻有侯仁之先生撰写的碑文："北京城区，肇始厥地。其时惟周，

其名曰蓟……"

历史上的北京有过许多称呼：蓟城（西周）、渔阳（秦）、幽州（唐）、南京（辽）、燕京、中都（金）、大都（元）。据《礼记·乐记》载："**武王克殷反商。未及下车而封黄帝之后于蓟**……"说的是公元前 1406 年，周武王灭商凯旋途中，在车上就把"蓟"封给了黄帝的后人。也就是从这一刻起，北京以"蓟城"之名开启了自己载入史册的历史，至今已走过了三千余个春秋。《史记·周本记》也有载："武王追思先圣王……**褒封**帝尧之后于蓟……封召公奭于燕。"其中，"**褒封**"二字是指因功封赏，就是文中提到的被褒封的"帝尧之后"，并不是周武王的族人嫡亲，而是因灭商有功而受封的功臣，有人认为他们很可能就是当年蓟地的土著。

"蓟国"之名来自**蓟丘**。《水经注》记载："昔周武王封尧后于蓟，今（蓟）城内西北隅有蓟丘，因丘以名邑也。"说的是三千多年前的北京，有一处长满了紫色**蓟草**的山丘。2009 年在白云路中段、白云观的西侧，汽（车局）南小区的东门附近曾

胡同儿里的溜达

设立了一块"**白云西里古蓟丘旧址**"的纪念石碑。经专家考证，这里就是蓟国赖以得名的"蓟丘"。实际上，二十世纪五六十年代，这一片的确有一处巨大的黄土丘，听住在附近的一位老人说，当年的土丘足有两三层楼高，土丘和对面的白云观之间就是广安门到西直门的火车道，没什么人烟，直到六十年代末，土丘被铲平建了小区。

三千多年前的蓟城就在白云路这片地界儿。多年以来，立在蓟门桥北边西土城路上那处"燕京八景"之一的"**蓟门烟树碑**"，一直被认作是蓟门的旧址。如今，经专家认证，那处"蓟门"或许是元大都西垣上的一座城门，原版的"蓟门"在广安门附近，老李戴着老张的帽子在这儿忽悠了好多年。

　　有关北京的起源，一直以来都存有争议。一部分专家学者认为，北京的起源并非是帝尧之后所建的蓟国，而是战国七雄之一**姬姓**（皇帝之姓）周人所创建的**燕国**，以致 1995 年广安门滨河公园内的北京建城纪念石碑一度被撤走（2002 年重新放回）。持该观点专家的依据：其一，《史记》有载，武王灭商后，"封召公奭（周武王的同宗兄弟）于燕"；二是，燕国曾建都于蓟城。

　　但考古发现已证实，燕国立国之初所建之都在**房山琉璃河**的董家林村，而燕国向西扩张吞并蓟国，立蓟城为国都（燕上都）是在公元前 660 年前后的春秋时代了。此后，燕国先后被齐、秦所灭，都城又迁至河北**易县**（燕下

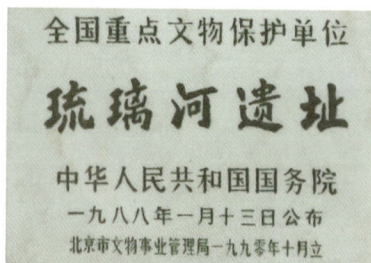

都），这才有了后来"风萧萧兮易水寒，壮士一去兮不复还"的桥段。况且，房山在 1958 年才因历史原因被划入北京，在此之前，燕国的立都之地——房山琉璃河与北京没有一毛钱关系，与北京的起源无关。

除了史料和出土文物，蓟城的遗迹早已了无踪影。这座三千年前的都城城墙和宫殿究竟在什么位置、城里的街道和建筑是什么模样，已无人知晓。而关于北京的起源似乎也不仅涉及城都遗址的这些疑惑。那些被周武王**褒封**的"帝尧之后"，若不是武王的同族，又是何许人也？契丹人为什么在占有了包括北京在内的幽云十六州后，说他们是返祖归宗？滨河公园那座北京建城纪念石碑真的是因为学术之争而被撤走的吗？汽南小区东门的那处"古蓟丘旧址"的石碑不知何故，又在 2015 年被无声无息地撤走了……

宣
南

387

菜户营、南菜园

皇家的菜园子

自元大都建成后，北京就有了专供皇家的蔬菜基地。除了种植各种蔬菜，各地四季进贡的时令蔬菜、水果都在此地集散。在那个没有冷库、交通不便的年代，皇家贵族一年四季依旧可以吃上应季的新鲜蔬菜。

在郭守敬把玉泉山水系引入京城，修成通惠河之前，辽南京和金中都时期，都是以莲花池水系作为都城的水源。当年的莲花池叫西湖，位置就在如今广安门西边的莲花池公园一带。广安门、右安门这一带也因水源丰沛、土质肥沃，成为**皇家的特菜基地**。

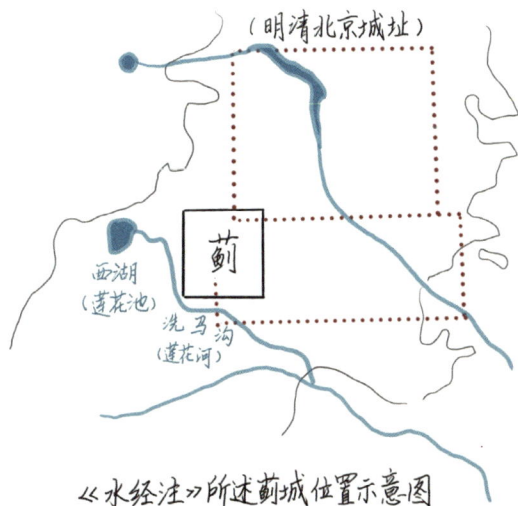

《水经注》所述蓟城位置示意图

负责皇家特供菜的种植和调拨的单位叫嘉蔬署。明永乐年间，嘉蔬署从山西、山东调集了几千人进京，专门伺候皇家的菜园子。这些外来的移民被称作**菜户**，其中大部分就安置在右安门外一带的官菜园里。这片地界儿就被叫作**菜户营**。此外，**南菜园**和前面介绍福儒里过街楼时提到的**官菜园上街**，从前也都是给御膳房提供蔬菜的地方。

宣

南

有关"菜户营"一名的由来，还有一版比较"狗血"的说法。古代太监与宫女的组合俗称"菜户"（也叫"对食"）。相传，明英宗朱祁镇的奶娘后来许配给了大太监王振，结为菜户。二人在这里安了家，此地后来被称为菜户营。

如今的南菜园及周边早年被称为**菜园村**，以一条东西走向的河流为界，分为南菜园、北菜园。如今白纸坊西街以南称南菜园街，以北叫菜园街。有专家考证，白纸坊西街的位置就是当年的河道，而那条河就是辽南京南垣外的护城河。

20世纪50年代，南菜园的东南角辟为苗圃，乡亲们称之为苗圃公园。听周围的老邻居说，五六十年代苗圃里面杂木丛生、凌乱荒凉，孩子们常到这里来抓蛐蛐儿、逮蜻蜓、粘知了。

那年月，老炮儿们也时常把茬架①地点约在苗圃这地方。80 年代，电视剧《红楼梦》选取外景地时，看中这片有水有树的苗圃。1985 年 7 月，这个曾经的菜园子华丽转身为中国文学史上的巅峰之作《红楼梦》中的重要场景——**大观园**，成为北京城一处独特的历史人文景观。

①　茬架：北京话，指相约打群架。

宣
南

现如今，右安门南边的大兴、丰台还有很多种植水果蔬菜的基地，而南四环外的**新发地**更是全国知名的蔬菜批发集散市场。几百年前的一幕似乎还在延续，昔日"御膳房中菜"如今已摆上了"寻常百姓桌"。

胡同里的吆喝

"香菜辣青椒哎，高葱嫩姜芹菜嘞扁豆嘞，茄子黄瓜架冬瓜买大海茄，买萝卜胡萝卜卞萝卜嫩了芽儿的香椿蒜儿好韭菜……"这段活泼、俏皮、干脆、利落的说唱，是传统相声《卖估衣》里的一段台词，也是当年老北京胡同里挑着担子的卖菜小贩原汁原味的吆喝。

早年间，北京城的乡亲们无论吃的喝的、穿的用的以及拾掇修理个旧物件，都离不开各式各样沿街叫卖的游商小贩。而那些有滋有味、婉转悠扬的叫卖声，也不分春夏秋冬、白天黑夜地回荡在北京城的胡同里。

卖瓷碗

京城街头旧景图

卖包子

胡同里的吆喝种类繁多，五行八作应有尽有，所谓"九腔十八调，棕绳撬扁担"。剧作家翁偶虹先生在《北京旧闻》一书中，收录的老北京的各类吆喝就有三百多种。

随着清早儿的："热的嘞，大油炸鬼（果），芝麻酱的烧饼！""豆腐脑儿……热哎"。

胡同里开启了一天此起彼伏、你来我往的吆喝："包儿嘞、包儿得了热地嘞""磨剪子嘞……锵菜刀""零卖布头儿哦""扒糕哎……筋道""酸甜的豆汁儿来……麻豆腐""锔锅锔碗儿，换钢钟锅底儿""换取灯儿，换绿瓦盆儿哎"……

夜深人静后，胡同里还能听到忽远忽近的："半空儿（瘪了的花生）……多给""馄饨……开锅"。

胡同里的吆喝还伴有响器。

收旧衣物的打**小鼓**；卖香油的打**油梆子**；卖布头儿的、卖儿童玩具的摇小**拨浪鼓**；卖炭的摇的是大拨浪鼓；卖瓦盆的小

卖金鱼

贩用**木槌**敲盆边；卖豌豆黄的用**铜锣**；卖日用什物的敲**葫芦瓢**；焊铁壶的敲打**壶底**；卖酸梅汤、雪花酪、果子干用的叫**冰盏儿**（两个可击打出声的小铜碗）；卖针头线脑和磨剪子磨刀的舞动的是连在一起的五块**铁片儿**……

还有不吆喝的买卖。

五行八作中，有的买卖吆喝出来的广告语或是与民俗民风相悖，或是谐音不耐听，或是与隐私相关不宜吆喝，即所谓的"**八不语**"。具体说的是，卖掸子的、修脚的、修鞋的、劁猪的、买煤的、行医的、剃头的和粘扇子的。比如**剃头的**，如果"刀快水热，一秃鲁一个"地满胡同喊，听着瘆得慌。剃头匠人通常是拿一把形同大音叉的响器，名叫**唤头**，声音低沉打远儿。

剃头

看病的**郎中**也不能满世界地招揽病人，听着不吉利，用的家伙什儿是一种类似手串的铃铛，叫**虎撑**。**修鞋的**也不吆喝，若是一嗓子"家里有破鞋的修理"，估计直接扫帚疙瘩、擀面杖加大长指甲伺候，一年半载都不敢再到这儿来。"煤"与"霉"谐音，"**买煤喽，要煤的有没有**"听着不入耳；**卖掸子**的胡同里吆喝一声"好大的掸子（胆子）"，老太太直接坐地上诹你……如此这般，大家约定成俗，心知肚明，规规矩矩，和气生财。北京人，就这么有礼儿、有面儿。

胡同里的吆喝好听。

张恨水在《市声拾趣》里这样写道："我也走过不少的南北码头，所听到的小贩吆唤声，没有任何一地能赛过北平的……"

老北京胡同里的叫卖声虽不是字正腔圆的"西皮二黄"、流行小曲儿，但吆喝起来那也是有板有眼、有腔有调、应时应令

卖豆汁儿

儿、耐听入耳。尽管一年三百六十五天从不间断，却让人听了也不觉厌烦。

有**婉转悠扬的**，如卖糖葫芦的："蜜来哎……冰糖葫芦儿哎……"中间倒口气，两个"哎"字要把肺活量用完，听着才舒服。记得住在东棉花胡同时，有一个修理雨伞的，嗓音比"大衣哥"还亮，听口音像唐山一代的，一嗓子"修理……雨伞"全胡同都能听见。其中，"修"用的是二声，"伞"字拉足了长音儿，至今记忆犹新。

有**干脆利落的**，如"吃来呗，弄块儿尝，这冰人儿的西瓜脆沙瓤儿""萝卜赛梨，辣了换""硬面儿……饽饽"，前面的"硬面儿"语速较缓，后面的"饽饽"来得急促，有点像歌唱的切分音。

卖黄历

还有集"唱""念""做"于一身的，这一款除了相声里说过的买十三香、卖药糖的，还有摇着拨浪鼓卖针线日用品的，"一号这个钢针板儿上剁，武松打虎景阳坡呀，十三这个太保李存孝，赵子龙大战长坂坡呀，曹孟德带领人马八十三万降董卓呀，张翼德一声喊，喝退大河……"

胡同里的吆喝声带着四季轮回的色彩和生活的仪式感，陪伴着北京人一起走过春夏秋冬，感受着人间烟火。

"买芝麻秸来哎……"老北京的春节讲究"三岁"——守岁、压岁和踩岁。把芝麻秸铺在院里，孩子们踩在上面发出噼噼啪啪的声音，叫踩岁。

"祭神地来哎……大活鲤鱼哎……"是大年三十后的第一声吆喝。每逢正月初二，北京人都要用活鲤鱼祭财神。

"桂花哟，元宵！"过了"破五儿"，卖元宵的吆喝声告诉胡同里的人家儿，该准备正月节了。

"鲜花椒……嫩了芽儿的香椿嘞……"响起的时候，该是春

卖芝麻秸

胡同儿里的溜达

暖花开了。

"小枣的，江米的，蜜糖儿的龙舟粽哎……""好蒲子嘞，好艾子哎"——端午节要到了。早年间北京人过端午时，要把菖蒲和艾草挂在窗下——辟邪。

"又解渴，又带凉，又加玫瑰又加糖！"伴着冰盏儿声的酸梅汤，是北京城时兴的消暑利器。

"活秧儿的……老玉米嘞呦……""大山乐（里）红嘞……还两挂"——秋风瑟瑟中，西山的枫叶开始红了。

"烤白薯……热乎的！"下雪天儿的胡同里，边走边啃着一块烤白薯，一点儿也不觉得冷。

"街门对儿，屋门对儿，买横批送福字儿""年画儿、供花儿，有红头绳儿的卖……"又一个大年三十儿要到了……

胡同里的吆喝不仅是叫卖的声音，更是一种市井风情，一种老北京的京味儿文化。如果说"天棚鱼缸石榴树，肥狗白猫胖丫头"是四合院的标配，那么有了这形形色色叫卖声，北京的胡同才算完整。悠扬婉转、忽远忽近、时高时低的吆喝和蝈蝈声、蛐蛐叫、黄巧儿鸣以及飘忽不定的鸽哨声，汇成了一首原生态的"胡同交响曲"，让胡同变得立体生动，烟火气中的画面感扑面而来。

　　现如今，胡同里那段"九腔十八调，棕绳翘扁担"的岁月已然"时光一去不再回，往事只能回味"。那远去的吆喝声也成为北京人一种永久的乡愁。往事如烟，远去了的又何止是胡同里的吆喝声呢？